财务管理国家一流专业建设点系列教材

ERP财务理论与沙盘模拟教程

ERP Finance Theory and Sand Table Simulation Tutorials

杨莹　主编

中国财经出版传媒集团
经济科学出版社
Economic Science Press

图书在版编目（CIP）数据

ERP 财务理论与沙盘模拟教程 / 杨莹主编. —北京：经济科学出版社，2022.9
财务管理国家一流专业建设点系列教材
ISBN 978 -7 -5218 -4077 -3

Ⅰ.①E… Ⅱ.①杨… Ⅲ.①财务软件 - 高等学校 - 教材②企业管理 - 计算机管理系统 - 高等学校 - 教材
Ⅳ.①F232②F272.7

中国版本图书馆 CIP 数据核字（2022）第 183052 号

责任编辑：杜　鹏　常家凤　刘　悦
责任校对：刘　昕
责任印制：邱　天

ERP 财务理论与沙盘模拟教程
杨　莹　主编
经济科学出版社出版、发行　新华书店经销
社址：北京市海淀区阜成路甲 28 号　邮编：100142
会计分社电话：010 -88191441　发行部电话：010 -88191522
网址：www.esp.com.cn
电子邮箱：esp_bj@163.com
天猫网店：经济科学出版社旗舰店
网址：http://jjkxcbs.tmall.com
固安华明印业有限公司印装
787×1092　16 开　6.5 印张　150000 字
2023 年 2 月第 1 版　2023 年 2 月第 1 次印刷
ISBN 978 -7 -5218 -4077 -3　定价：25.00 元
（图书出现印装问题，本社负责调换。电话：010 -88191510）

前　言

创新是社会进步的灵魂，创业是推动经济社会发展、改善民生的重要途径。广泛开展大众创业、万众创新，是推动国家社会经济发展的动力之源。高等学校在指导广大青年学生理论联系实际，灵活运用企业管理理论知识并付诸创新、创业实践，激发学生的自主性、主动性与创造性方面，应该发挥更大的作用。

在高等学校经管类人才培养过程中，ERP 沙盘模拟课程是一门极具特色的创新创业类课程。该课程构建了教师启发式教学与学生体验式学习相结合的平台，使学生能够在模拟经营企业的过程中运用 ERP 理论知识、培养经营决策能力、锻炼沟通协调能力，最终实现培养学生综合素质的教学目标。

ERP 沙盘模拟教学的应用与推广已有数十年，吸引力经久不衰，广受师生欢迎。ERP 沙盘模拟教学手段和方式丰富多样，主要包括物理沙盘和电子沙盘两种形式。在教育市场上，国内外知名 ERP 厂商均推出了各具特色的沙盘教具、教学软件以及竞赛平台。编者在 ERP 沙盘模拟课程教学过程中发现，学生表现出的学习热情及收获总是超出预期，使得课程教学方法和教学手段的优化与创新“一直在路上”。本教程正是在不断总结教学实践经验基础上完成的。

本教程采用“由简入繁，循序渐进”的方式，逐步导入模拟经营规则及推演方法，以通俗易懂的语言描述 ERP 专业术语，以图文并茂的方式呈现沙盘模拟的过程状态，易于初学者快速掌握 ERP 原理和方法。本教程采用“同样起点，不同结果”的方式，设计了一套完整的沙盘模拟企业案例，分别采用“消极经营”和“积极经营”进行模拟推演并对比经营结果，让学生深刻体会管理决策对企业绩效的影响。本教程采用“简便实用，降本增效”的方式，在实验教具和操作模式方面做了一些实用性设计，学生不依赖于高成本的实验教具，只需要充分利用本教程提供的线下、线上免费资源，即可独立自主、随时随地开展沙盘模拟实验。此外，本教程也详细介绍了在任课老师主导下组织大批学生集中开展竞争性 ERP 沙盘模拟经营的方法和要求。

本教程由杨莹主编，王彦博参编第二、第五、第六章。黄俊皓参与了整个教程的文字、数据校对及线上实验教学平台的系统设计与开发。本教程可作为各类院校学生开展 ERP 沙盘模拟经营的教材和实验指导书。希望本教程的出版能有助于推动 ERP 模拟实验的普及与推广，让更多的师生能自主、高效地开展相关教学与实验，培养理论知识完备、实验能力一流、思政素质过硬的高质量创新和创业人才。

受编者时间和精力所限，虽力求准确严谨，但教程中难免有疏漏之处，敬请广大师生及专业人士批评指正。如有意见、建议或获取更多电子教学资源，可访问 https://hdlkjsy.cn，也可通过 yangyingtz@hdu.edu.cn 联系编者。

编　者

2022 年 8 月

目　录

第一章　ERP 及沙盘模拟概述

第一节　ERP 的概念

一、企业资源计划

企业资源计划（enterprise resource planning，ERP）是以先进企业管理思想为基础，应用信息技术实现对整个企业资源的一体化管理。ERP 是一种可以提供跨地区、跨部门、跨公司整合信息的企业管理信息系统。它在企业资源最优化配置的前提下，整合企业内部所有的经营活动及外部相关经营活动，包括财务会计、管理会计、生产计划及管理、物料管理、销售与分销等主要功能模块，以达到精细化、效率化经营的目标。它把企业的物流、资金流、信息流统一起来进行管理，以求最大限度地利用企业现有资源，实现企业经济效益的最大化。

企业管理的四种基本职能是计划、组织、领导、控制。其中，计划是指定义组织的目标，制定全局战略以实现这些目标，建立一个全面的分层计划体系以整合与协调各种活动。控制是指监控各项活动以保证它们按计划进行并纠正各种偏差的过程。

1. 从“企业资源计划”的字面意义理解，计划显然是该词组的中心词。在管理实践中，计划与控制是一个统一的，循环往复的连续过程，因此，控制是隐含的另一个中心词。

2. 从管理思想角度来看，ERP 是由美国著名的 IT 研究与顾问咨询公司 Garter Group Inc. 提出的一整套企业管理系统体系标准，其实质是在制造资源计划（manufacturing resources planning，MRP－Ⅱ）基础上进一步发展而成的面向企业经营全过程的管理思想。

3. 从管理系统的角度来看，ERP 是集整合企业管理理念、业务流程、基础数据、制造资源、计算机硬件和软件于一体的企业资源管理系统。

4. 从软件产品角度来看，ERP 是综合应用了 C/S 或 B/S 体系、大型数据库结构、面向对象（OO）技术、图形用户界面（GCI）、网络通信等信息技术成果，面向企业信息化管理的软件产品。代表性软件厂商包括用友、金蝶、浪潮、思爱普、甲骨文等。

二、ERP 的发展过程

ERP 的发展最早可以追溯到 20 世纪 40 年代，随着电子计算机技术的出现，ERP 的发展得到快速推进，先后经历了多个阶段，每一个阶段都是在前一阶段的基础上实现拓展和集成。

（一）物料需求计划

按需求的来源不同，企业内部的物料可分为独立需求和相关需求两种类型。独立需求是指需求量和需求时间由企业外部的需求来决定，例如，客户订购的产品、科研试制需要的样品、售后维修需要的备品备件等；相关需求是指根据产品的组成结构由独立需求的物料所产生的需求，例如，半成品、零部件、原材料等的需求。

物料需求计划（material requirement planning，MRP）即指根据产品结构各层次物料的从属和数量关系，以每个物料为计划对象，以完工时期为时间基准倒排计划，按提前期长短区别各个物料下达计划时间的先后顺序，是一种工业制造企业内物料计划管理模式。MRP 的基本任务主要包括：

1. 从最终产品的生产计划（独立需求）导出相关物料（原材料、零部件等）的需求量和需求时间（相关需求）。

2. 根据物料的需求时间和生产（订货）周期来确定其开始生产（订货）的时间。

MRP 的目标是编制零件的生产计划和采购计划。然而，要正确编制零件计划，必须先明确产品的生产计划，即主生产计划（master production schedule，MPS），MPS 是 MRP 展开的依据。MRP 还需要知道产品的零件结构，即物料清单（bill of material，BOM），才能把主生产计划展开成零件计划；同时，必须知道库存量才能准确计算出零件的采购数量。因此，基本 MRP 的依据是主生产计划、物料清单、库存信息。

（二）闭环 MRP

MRP 是“开环”控制系统，在此系统中制定主生产计划不考虑企业的实际加工能力。因此，在基本 MRP 系统中制定的主生产计划有可能与实际情况不符。

闭环 MRP 是在 MRP 的基础上增加对投入与产出的控制，也就是对企业的能力进行校检、执行和控制。闭环 MRP 理论认为，主生产计划与物料需求计划必须是可行的，即考虑能力的约束，或者对能力提出需求计划，在满足能力需求的前提下，才能保证物料需求计划的执行和实现。在这种管理要求下，企业必须对投入与产出进行闭环控制，也就是对企业的能力进行校检、执行和控制。

（三）制造资源计划

制造资源计划（manufacturing resources planning，MRP－Ⅱ）是对制造业企业资源进行有效计划的一套完整的方法。它是围绕企业的基本经营目标，以生产计划为主线，对企业的各种制造资源进行统一计划和控制，使企业的物流、信息流、资金流等流动畅通的动态控制系统。

MRP－Ⅱ的核心部分依然是闭环 MRP，但闭环 MRP 只反映物流及部分信息流，未反映资金流。在企业管理实践中，资金流同样会影响生产运作，进而影响物流运作。MRP－Ⅱ理论考虑了资金流和物流、信息流，集成了应收、应付、总账系统及成本管理，通过对企业生产成本和资金运作过程的控制，动态调整企业的制造资源，因而得到更为可行、可靠的生产计划。MRP－Ⅱ的主要特点包括：

1. 系统性。MRP－Ⅱ系统是一个完整的生产经营管理计划体系，是实现企业整体效益的有效管理模式，它必须把企业的生产经营相关部门紧密联系起来。

2. 共享性。企业各部门都依据同一数据库提供的信息，按规范化处理程序进行管理和决策。

3. 动态性。要不断跟踪、控制和反馈瞬息万变的实际情况，使企业的管理层能够对企业内外环境的变化作出迅速的反应，提高企业在市场中的应变能力和竞争力。

4. 预见性。通过对生产经营信息的逻辑分析，企业可事先采取措施。通过模拟未来可能出现的情况作出合理决策，保障企业的平稳运行。

5. 统一性。MRP－Ⅱ所具有的生产制造与财务会计协同功能，可使实物形态的物料流动转换为价值形态的资金流动，使物流与资金流具有一致性。

（四）企业资源计划

ERP 是在 MRP－Ⅱ基础上进一步发展起来的企业管理信息系统。ERP 系统的功能拓展包括以下方面。

1. 在资源管理范围方面的拓展。MRP－Ⅱ主要侧重对企业内部人、财、物等资源的管理，ERP 系统提出了供应链（supply chain）的概念，即把客户需求和企业内部的制造活动以及供应商的制造资源整合在一起，并对供应链上的所有环节进行有效管理。ERP 系统主要是面向离散型制造业，包含订单、采购、库存、计划、生产制造、质量控制、运输、服务与维护、财务管理、人事管理、项目管理等。

2. 在生产方式管理方面的拓展。MRP－Ⅱ系统把企业归类为几种典型的生产方式来进行管理，如重复生产、批量生产、按订单生产、按订单装配、按库存生产等，针对每一种类型都有一套管理标准。而在 20 世纪 80 年代末 90 年代初期，为了紧跟市场的变化，多品种、小批量生产以及看板式生产成为企业主要采用的生产方式，而 ERP 则能很好地支持和管理这种混合型制造环境，满足了企业多元化经营需求。

3. 在管理功能方面的拓展。ERP 除了 MRP－Ⅱ系统的制造、分销、财务管理功能外，还增加了支持整合各个环节之间的运输管理和仓库管理；支持生产保障体系的质量管理、设备维修和备品备件管理；支持对工作流（业务处理流程）的管理，ERP 可以通过对工作流的定义，实现企业不同的业务流程模式。

4. 在事务处理控制方面的拓展。MRP－Ⅱ是通过计划的及时滚动来控制整个生产过程，一般只能实现事中控制。而 ERP 系统支持在线分析处理 OLAP、售后服务及质量反馈，强调企业的事前控制能力，它可以将设计、制造、销售、运输等通过集成来并行地进行各种相关的作业，为企业提供了对质量保证、适应变化、客户满意、效绩评价等关键问题的实时分析能力。ERP 系统提供了各种计划的模拟功能，可以通过对计划的模拟，从中选择最优的模拟计划确认为企业的正式计划，加强对事前计划的控制。

5. 在跨国（或地区）经营事务处理方面的拓展。现代企业的发展使得企业内部各个组织单元之间、企业与外部的业务单元之间的协调变得越来越频繁和重要。ERP 系统构建了完善的企业组织架构，可以支持跨国经营的多国家地区、多工厂、多语言、多币种的应用需求。

从以上各阶段的介绍可以看出，ERP 的发展就是企业管理思想的发展。其核心思想就是利用现代信息技术、网络通信技术将企业的财务、销售、生产、采购、库存、人力资源等经营管理活动整合到一个统一的信息化平台上，通过信息化、集成化、智能化实现企业的精细化管理。

三、ERP 沙盘模拟概述

沙盘一词源于军事，它采用各种模型来模拟战场的地形，呈现作战人员及武器装备的部署情况，结合战略与战术的决策执行来进行推演。19 世纪末 20 世纪初，这种方法在军事上获得了极大的成功。

1978 年瑞典皇家工学院将沙盘引入企业经营过程的模拟，ERP 沙盘模拟迅速传播到世界各地的高等学校。现在国际上许多知名的商学院和管理咨询机构都在用沙盘模拟演练职业经理人、MBA 及经济管理类学生，以期提高他们在企业管理实践活动中的经营决策能力。

20 世纪 80 年代初期，该课程被引入我国，率先在企业的中高层管理者培训中使用并快速发展。21 世纪初用友、金蝶、浪潮等 ERP 软件厂商相继推出了 ERP 沙盘模拟演练教学系统，将它推广到高等院校的实验教学中，受到师生的欢迎。

但是目前市面上的 ERP 沙盘课程往往需要购买专门的实验教具或应用软件，教学投入成本比较高。为了更方便地开展 ERP 沙盘教学，本教程中所介绍的是结合了国内外各种 ERP 沙盘的特点，自行设计的不依赖于专用教具、比较适合初学者的 ERP 沙盘教学方案。学生可以根据教程中提供的教学资源，自行准备简单的教学辅助材料，独立自主地完成 ERP 沙盘模拟经营，也可以在任课老师的主导下组织大批学生集中开展竞争性 ERP 沙盘模拟经营。

第二节　ERP 沙盘模拟经营

企业的目标就是在有限的资源条件下实现企业价值最大化，本质是企业资源的计划与运用，即 ERP。ERP 沙盘模拟经营就是通过沙盘推演的方式来进行 ERP 理论与实务培训。ERP 沙盘模拟的经营活动涉及战略规划、财务管理、市场营销、产品研发、生产管理、采购管理、企业绩效评价等方面。ERP沙盘模拟经营中的关键管理活动包括：整体战略规划、产品研发决策、设备投资改造、生产能力规划与排程、物料需求计划、资金需求规划、市场与销售决策、财务经济指标分析、团队沟通与建设等。

一、组建企业开展经营

ERP沙盘模拟经营从组建企业团队开始。企业团队是指由一定数量的有专业分工，愿意为了共同经营目标、业绩目标和方向而相互协作的成员组成的经营群体。一个企业团队代表一个模拟经营企业。

ERP沙盘模拟经营的基础背景，一般设定为一家制造型企业，连续从事6个年度的经营活动。每个企业团队成员将担任企业中的五种重要职位，分别是CEO/总经理、财务总监、市场总监、生产总监、采购总监。

ERP沙盘模拟经营最基本的特征是将角色扮演、案例分析和流程模拟等融为一体，学生的学习过程与企业发展现状紧密接合。在模拟经营过程中，会遇到企业经营中经常出现的各种典型问题。

ERP沙盘模拟经营可以帮助学生从企业高层管理者的角度了解公司的运作流程，树立全局和长期战略意识，理解如何用ERP系统处理各项业务和由此带来的管理效率的提升。ERP沙盘模拟经营可以帮助学生从中层经理的角度认识企业资源的有限性和企业各职能部门之间的紧密联系，从而提升策略性思考的能力，了解各部门之间的沟通方法与技巧；可以帮助学生以企业员工的角度从市场、财务、业务、工作流程等相关视角深入理解ERP的运行原理。

二、竞争性模拟经营

竞争性ERP沙盘模拟经营是以企业群组的形式开展，多家模拟企业在同一个市场环境下展开竞争性的沙盘推演。在集中教学形式下，一个教学班一般有数十人，甚至上百人。将训练的学生分成5～20个组，每组成员5～6人，每个组代表一个模拟企业，多个模拟企业构成一个企业群组。

竞争性ERP模拟经营要求学生模拟6个年度的企业经营，在客户订单、市场开拓、资源利用及利润获取等方面进行面对面的较量。在经营过程中要面对同行竞争、产品产能限制、市场需求变化等情况。企业要如何保持良好的经营状态并不断成长，是每家模拟企业面临的重大挑战。

通过竞争性ERP模拟经营，学生可以对制造型企业各环节的业务都会达成一致的理性及感性认识，形成共通的思维模式，形成促进沟通的共同语言。竞争性ERP模拟经营有助于学生分析企业的内、外部环境，形成长期规划、战略布局的思维模式。可帮助学生从市场的角度认清企业运营状况，建立企业运营的战略视角，了解企业中物流、资金流、信息流如何做到协同统一，认识到ERP系统对于提升公司核心竞争力的价值。

任课老师的职责主要是管理市场订货会、监督企业间交易或银行信贷活动。在本教程的第七章，将详细介绍竞争性 ERP 模拟经营的方法和要求。

第三节　模拟企业中的角色

一、企业的职能部门

在模拟企业中主要设置五个基本职能部门，各职能部门主要职责如表 1－1 所示。参训学生可以根据自己的专长选择不同的职能部门，当人数较多时，可设置各辅助职位。比如，为了加强财务核算的准确性和及时性，可以增设财务副总监。

表 1－1　　各职能部门明细

序号	部门	岗位职责
1	CEO/总经理	制定发展战略，竞争格局分析，经营指标确定，业务策略制定，全面预算管理，管理团队协同，企业绩效分析，管理授权与总结
2	财务部	日常财务记账和登账，向税务部门报税，提供财务报表，日常现金管理，企业融资策略制定，成本费用控制，资金调度与风险管理，财务分析与协助决策
3	市场部	市场调查分析，市场进入策略，品种发展策略，广告宣传策略，制定销售计划，争取订单与谈判，按时交货，销售绩效分析
4	生产部	产品研发管理，管理体系认证，固定资产投资，编制生产计划，平衡生产能力，生产车间管理，成品库存管理，产品外协管理
5	采购部	编制采购计划，供应商谈判，签订采购合同，监控采购过程，仓储管理，采购支付抉择，与财务部协调，与生产部协同

二、企业经营的关键角色

（一）CEO/总经理

CEO 是企业发展的核心决策者。成功的企业一定要有明确的企业战略，包括产品战略、市场战略、生产管理战略及资金运用战略等。在 ERP 沙盘模拟经营过程中，CEO 的主要职责是制定企业总体发展战略，在运营过程中把握企业发展方向。CEO 还需要主导团队协同，参与各职能部门的决策过程，比如，与市场总监一起研究市场，制定市场发展策略；与财务总监协商制定年度经营预算，制定投资策略等。

（二）市场总监

销售实现是企业生存和发展的关键。市场总监的职能包括：开拓新市场，争取到更大的市场空间，使得销售量实现增长；结合市场预测及客户需求制定销售计划，有选择地进行广告投放，取得与企业生产能力匹配的客户订单。

市场营销就是企业通过价值创造不断满足客户需求的过程。在竞争性 ERP 模拟经营过程中，市场总监需要分析市场、把握消费者需求、关注竞争对手、制定营销战略、定位目标市场，制定并有效实施销售计划，最终达成企业战略目标。

（三）生产总监

生产总监要对企业的一切生产活动进行管理，既是生产计划的制定者和决策者，又是生产过程的监督者。他的工作是通过计划、组织、指挥和控制等手段实现生产资源的优化配置。在 ERP 沙盘模拟经营过程中，生产总监不仅要指挥生产运营过程的正常进行，还需要有计划的扩大生产能力，以满足产品交付的需要。

（四）采购总监

采购总监的职责是编制并实施采购供应计划，确保在合适的时间点，采购合适的原材料和合适的数量，为生产的顺利进行提供足够的原材料，并尽量保持期末“零库存”。在 ERP 沙盘模拟经营过程中，采购总监负责管理原材料采购订单，监督原材料采购过程，并按计划向供应商付款，管理原材料仓库，确保生产所需原材料的供应。

（五）财务总监

财务总监的职责是管理公司资金，预估长短期资金需求，积极筹资并控制融资成本，提高资金使用效率；做好年度现金预算，管好用好资金。需要参与产品研发、市场开拓、ISO 资格认证、购置厂房及生产线等重大投资决策。定期核查企业的经营状况，核算企业的经营成果，编制会计报表。财务总监通过财务信息的披露，使得团队成员能及时掌握资产负债表、利润表的情况，掌握资本流转如何影响损益，了解企业经营的成果，理解现金流对企业经营的影响。在 ERP 沙盘模拟经营过程中，财务总监的工作涉及面广、内容多，重要性仅次于 CEO。

第四节　模拟经营团队

在经营过程中，团队的合作是必不可少的。要想打造一支高效的团队，应注意以下五点。

一、明确经营目标

团队必须共同设计企业战略，明确企业的经营目标，这个目标可以使团队成员向相同的方向努力，使团队成员行动一致。团队要将总体经营目标分解为具体的、可度量的、可行的年度行动目标。这些具体的目标和总体经营目标要紧密结合，并且要根据情况随时进行相应的修正。比如团队确立了自己 6 年发展的总经营目标，还要分解到每一年和每一季度具体如何运营。

二、有团队核心领导

在经营过程中需要作出各种决策，这就需要 CEO 能够统领全局，协调各部门之间的关系，充分调动每个学生的积极性，还要能够作出正确的决策。要成为一个高效、统一的团队，团队领导就必须学会在缺乏足够的信息和统一意见的情况下及时作出决定，果断的决策机制往往是以牺牲民主和不同意见为代价而获得的。对于团队领导而言，最有挑战性的工作就是避免被团队内部表面的和谐气氛所误导，并采取种种措施，努力引导和鼓励适当的、有建设性的良性冲突。CEO 必须将潜在的问题和不同意见摆到桌面上，通过讨论和合理决策将其加以解决，否则的话，将对企业的发展造成巨大的影响。

三、履行各自岗位职责

各职能部门负责人应该按照自己的职位职责进行经营活动，而且应该把自己的工作做好。比如采购总监就应该负责原材料的采购，如果出现差错，直接会影响以后的生产，而生产的产品数量又影响交单的情况，所以一个小环节的疏漏可能会导致满盘皆输。团队必须要构建一个完善的能力组合，比如担任财务总监的成员就要比较细致，对财务专业领域的相关知识相对熟悉，而担任 CEO 职务的人就应该具备比较强的协调能力和组织能力等。

四、职业道德与诚信经营

诚信经营是一个企业的立足之本，也是个人成长、发展的基本素质。在 ERP 沙盘模拟经营中体现为对市场规则、经营规则的遵守。当经营发生困难时，必须严格遵守经营规则的约定，不可做虚假的记录；对盘面的数据不能任意篡改；在报表编制过程中要做到认真细致，各项财务数据之间的逻辑关系必须准确，不做假账。

五、营造良好团队氛围

良好的团队氛围是团队成员协作的基本要求，能够激发每个团队成员的积极性，对企业经营具有非常大的影响。团队成员必须做到以下三点。

1. 互相尊重。每位成员都会本能地维护自我形象和尊严，因此，在协作中要充分肯定对方的贡献，包容对方的失误，以平和的态度和语言提出意见和建议。

2. 能够接受批评。如果团队成员对你的错误大加抨击，即使带有强烈的感情色彩，也不要与之争论不休，而是要从批评中寻找积极信息，从积极方面来理解或说服。

3. 善于交流。团队成员之间肯定会存在多方面的差异。知识、能力、表达、个性等方面，都会造成不同个体在对待和处理问题时产生不同的想法。交流是协调的开始，把自己的想法说出来，倾听对方的想法，才能找到共同认可的解决方案。

第二章　ERP 沙盘盘面

第一节　ERP 沙盘盘面布局

ERP 沙盘是每个模拟企业开展经营活动的各种状态的呈现。一个模拟企业对应一个盘面。每个盘面分为五个区域，分别是生产中心、原料物流中心、财务中心、产品物流中心、市场与研发中心，企业盘面布局如图 2－1 所示。每个部门都由代表特定含义的图标和方框组成，方框中可以填写经营信息，可以填写金额，也可以填写其他文字信息。在本教程中一个经营年度分为 4 期，一个季度为 1 期；金额用 W 表示，每 1W 代表 1 万元。金额单位只是一个符号，代表元、万元、百万元等均可。

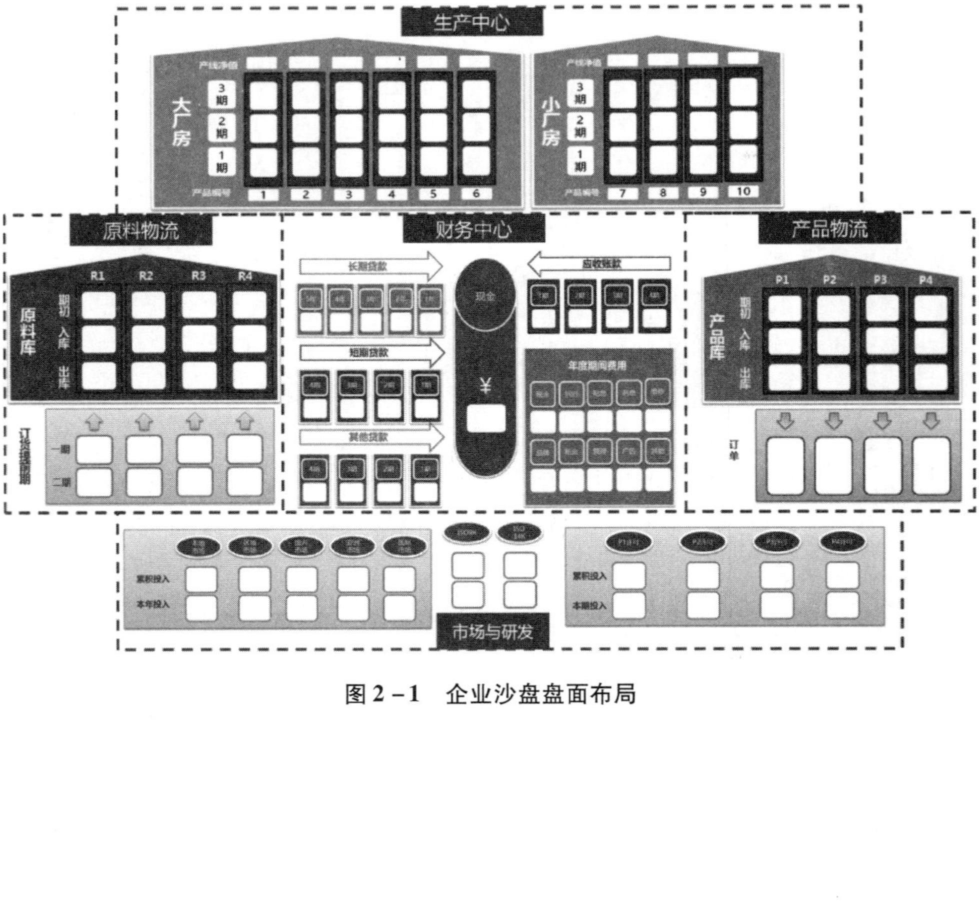

图 2－1　企业沙盘盘面布局

第二节　ERP 沙盘盘面标识

ERP 沙盘盘面需要标识企业经营的各种信息，比如金额、数量、产品编码、生产线编码等。为了让盘面能够有足够多的信息从而方便初学者了解掌握，本节以某一个已经经营了 3 年的企业为例呈现 ERP 沙盘的盘面信息。

一、企业简介

某企业是一个生产制造企业，该企业长期以来专注于 P 产品的生产与经营。P 产品是一个系列产品，分别是 P1、P2、P3 和 P4。目前企业已具有 P1 的生产资质，生产的 P1 产品在本地市场知名度很高，客户也很满意。同时企业拥有自己的厂房，生产设施齐备，状态良好。

在行业发展状况方面，P1 产品由于技术水平低，虽然近几年需求较旺，但未来将会逐渐下降。P2 产品是 P1 的技术改进版，虽然技术优势会带来一定增长，但随着新技术出现，需求最终会下降。P3、P4 为全新技术产品，发展潜力很大。最近，一家权威机构对该行业的发展前景进行了预测，认为 P 产品将会从目前的相对低技术水平发展为一个高技术产品。

为了适应技术发展的需要，公司董事会及全体股东决定将聘任一个新的高层管理团队，希望新的管理层能完成以下工作：

1. 投资新产品的开发，使公司的市场地位进一步得到提升；
2. 开发本地市场以外的其他新市场，进一步拓展市场领域；
3. 扩大生产规模，采用现代化生产手段，努力提高生产效率；
4. 借助先进的管理工具实现企业的精细化管理；
5. 增强企业凝聚力，形成鲜明的企业文化；
6. 加强团队建设，提高组织效率。

简而言之，随着 P 产品行业从一个相对低水平发展为高技术水平产品行业，新的管理团队必须要创新经营、专注经营，才能完成公司董事会及全体股东的期望，实现良好的经营业绩。

二、企业的初始盘面状态

企业的初始盘面是指在新一年度经营开始的时间点盘面上五个区域呈现的经营信息，即上一年度第 4 季度末、新一年度第 1 季度初的盘面状态。

（一）原材料库与采购订单区

原料物流中心包括一个原料库和一个订单登记区。原料库中有 R1、R2、R3、R4

共 4 个标签，每个标签下分别有 3 个输入框。分别可以输入对应原材料的期初数、本期入库数和本期出库数。年初物流中心的 R1 原材料库中有 3 个 R1 原材料，成本为 3W。订单登记区对应 4 种原材料，分别登记提前期为 1 期或者是 2 期的订单。上年第 4 季度已经下了 2 个 R1 原材料订单。盘面初始设置如图 2－2 所示。

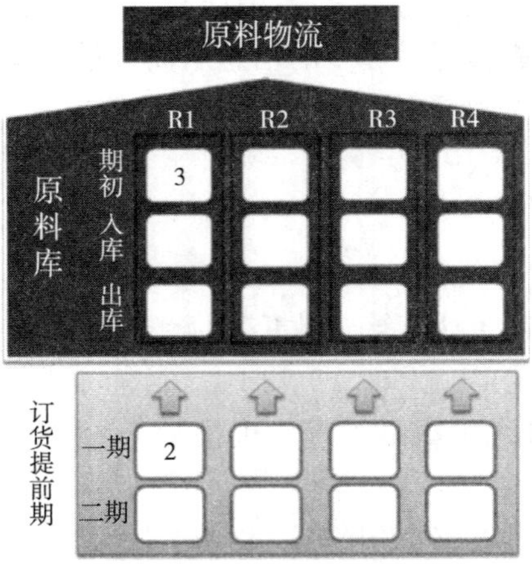

图 2－2　原料物流初始盘面状态

（二）生产中心

1. 企业目前拥有大厂房价值 40W。盘面上的小厂房尚未购买或租赁，暂不可使用。

2. 生产线由垂直排列的方框组成，由下自上代表连续的生产周期。产品在生产过程中，每完成一期生产，方框中的产品标识向上移动一格。

大厂房目前有 4 条生产线。分别是 3 条手工生产线和 1 条半自动生产线。填写 3 条手工生产线的净值分别为 3W，1 条半自动生产线的净值为 4W。生产线净值合计为 13W。

3. 年初大厂房的生产线上一共有 4 个 P1 在产品。第 1 条手工生产线的 P1 处于该生产线的第 1 期，第 2 条手工生产线的 P1 处于该生产线的第 2 期，第 3 条手工生产线的 P1 处于该生产线的第 3 期，半自动生产线上的 P1 处于该生产线的第 1 期。由于半自动生产线的生产周期只有 2 期。所以在半自动线上方的第 3 期方框打“×”表示产品的生产周期为 2，即只需要两期即可完工入库。

4. P1 产品的原材料是 1 个 R1，成本为 1W，还需要 1W 的加工费。产品成本为 2W。P1 产品的在产品总成本为 8W。

盘面初始设置如图 2－3 所示。

（三）产成品库与销售订单区

产品物流中心包括一个产品库和一个订单登记区。产品库中有 P1、P2、P3、P4 共 4 个标签，每个标签下分别有 3 个输入框。3 个输入框可以输入对应产品的期初

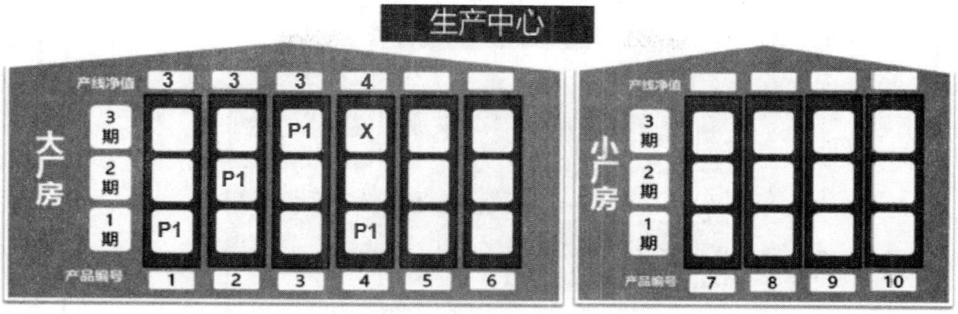

图 2 -3 生产中心初始盘面状态

数、本期入库数和本期出库数。产品库中有 3 个 P1 产成品，成本为6W。订单登记区对应4 种产品的本年度订单数量，年初还没有订单，各输入框均为空。盘面初始设置如图 2 -4 所示。

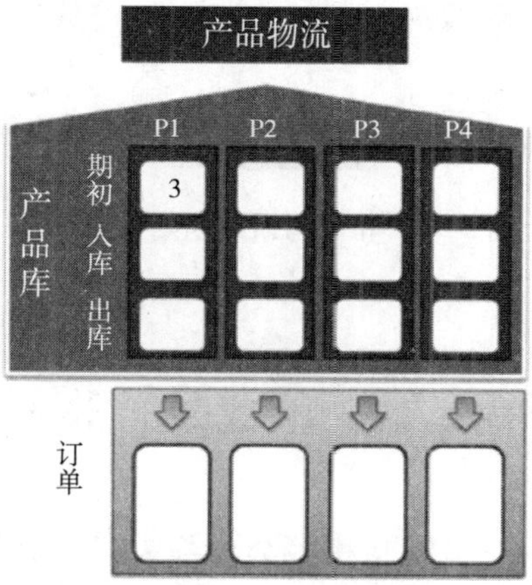

图 2 -4 产品物流初始盘面状态

（四）财务中心

企业财务中心年初拥有现金 20W。应收账款 15W，还有 3 期到账。长期贷款 40W，其中 5 年期的长期贷款有 20W，4 年期的长期贷款有 20W。盘面初始设置如图 2 -5 所示。

（五）市场与研发中心

市场与研发中心包括了产品研发、市场开拓、ISO 认证三项标签。每项标签下面均有两个输入框，用于填写本期投入金额与累计投入金额。当累计投入金额达到要求时，可在相应的标签上打“√”，表示该项研发或投资已经完成。年初企业已经获得 P1 的生产资质，取得了本地市场的准入资格。ISO9000 与 ISO14000 均未投入。盘面初始设置如图 2 -6 所示。

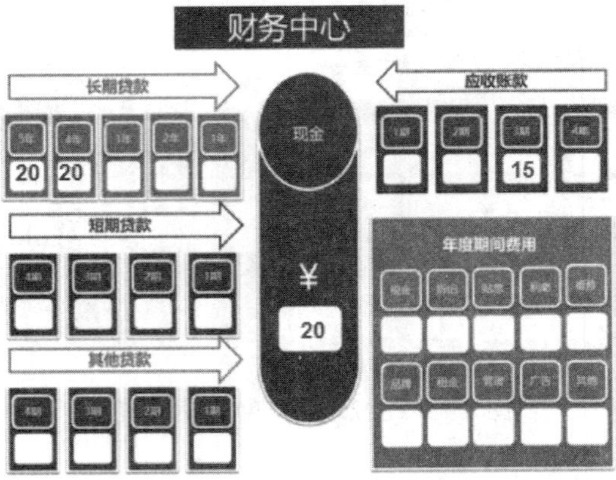

图 2－5　财务中心初始盘面状态

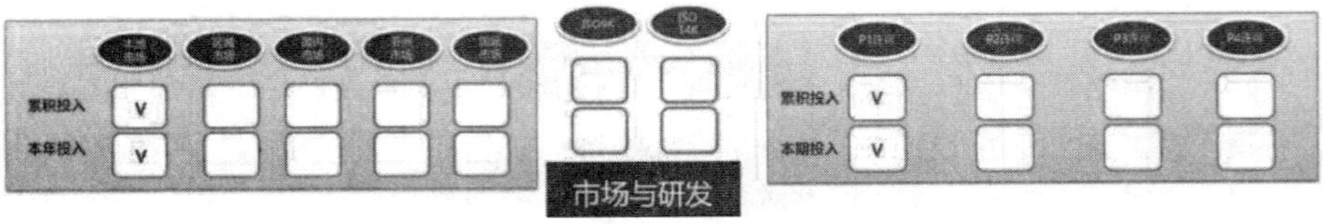

图 2－6　市场与研发初始盘面状态

第三节　企业会计报表

企业每年经营结束后，应当编制相关会计报表，及时反映当年财务和经营情况。企业起始年的会计报表包括利润表和资产负债表。

一、上年度利润表

利润表是反映企业一定期间经营状况的会计报表。利润表把一定期间内的营业收入与其同一期间相关的成本费用相配比，从而计算出企业在该期间的利润。通过利润表中不同期间的数字进行比较分析，可以了解企业的发展趋势和获利能力。企业上年度利润表如表 2－1 所示。

表 2－1　企业上年度利润表　单位：万元

项目	上年数
销售收入	35
直接成本	－12
毛利	23

续表

项目	上年数
综合费用	-10
折旧前利润	13
折旧	-5
支付利息前利润	8
财务收入/支出	-4
其他收入/支出	—
税前利润	4
所得税	-1
净利润	3

二、期初资产负债表

资产负债表是反映企业某一特定日期财务状况的会计报表，根据“资产 = 负债 + 所有者权益”的会计等式编制。企业期初资产负债表如表 2 -2 所示。

表 2 -2　　企业期初资产负债表　　单位：万元

资产	期初数	负债和所有者权益	期初数
现金	20	长期负债	40
应收款	15	短期负债	—
在制品	8	应付账款	—
成品	6	应交税费	1
原料	3	一年内到期的长期负债	—
流动资产合计	52	负债合计	41
固定资产：		所有者权益：	
土地和建筑	40	股东资本	50
机器与设备	13	利润留存	11
在建工程	—	年度净利	3
固定资产合计	53	所有者权益合计	64
资产总计	105	负债和所有者权益总计	105

值得说明的是，在模拟企业经营中的利润表和资产负债表格式与企业会计准则规定有较大差异，格式上做了大量简化，目的是减少会计核算的工作量，让学生的注意力放在企业经营的各个分析决策环节。在实际工作中，会计报表的编制应以财政部制定的《企业会计准则》为准。

第三章　模拟经营规则

企业的正常运营涉及筹资、投资、生产、营销、研发、物流等各个方面，受到来自各个方面条件的制约，在 ERP 沙盘模拟经营中表现为一系列的模拟经营规则。在进行 ERP 模拟经营之前，必须熟练掌握以下模拟经营规则。

第一节　市场规则

一、市场划分与市场准入

（一）市场开发规则

市场是企业参与竞争的主战场，企业通过开展营销活动获取销售订单。在进入某个市场之前，企业往往需要进行市场调研、设立销售部门或分支机构、招聘营销人员、开展市场推广活动等一系列工作。这些工作均需要消耗资金和时间。某一特定市场在开发完成之前，企业没有进入该市场销售产品的权利。各个市场地理位置及市场规模不同，企业开发不同市场所需的时间和资金投入也不同，不同市场所需的时间和资金投入如表 3 - 1 所示。

表 3 - 1　市场开发规则

市场	费用/年（万元）	年数（年）	累计开发费（万元）
本地	1	1	1
区域	1	1	1
国内	1	2	2
亚洲	1	3	3
国际	1	4	4

（二）注意事项

1. 各市场开发可以同时进行，资金短缺时可随时中断或终止投资。开发费用在每年的年末支付，每年只能支付 1 次。

2. 各市场是相互独立的，不存在包含的关系。即如果一家企业只开发了国际市场，并不代表它可以在其他任何一个市场进行销售，如果他还想在亚洲市场进行销售的话，那么他必须开发亚洲市场，取得亚洲市场的准入资格。

3. 某市场开发投资完成的当年末，企业就可取得该市场准入证。下一年企业可以在该市场上投放广告。

二、参加订货会与选择订单

（一）新年度规划会议

每年初，各企业的高层管理人员将召开新一年度的规划会议，制定本年度的发展战略。并由市场总监负责收集商业情报，确定广告投放策略，参加客户订货会。

（二）市场地位

市场地位是针对某个特定市场和特定产品而言的。企业的市场地位，根据上一年度各企业在某市场、某产品投放的广告金额排列。广告金额最高的企业成为该市场该产品的领导者，俗称“市场老大”。如果上年度有两家或两家以上的企业在某市场、某产品上投放的金额最高且相同，则不存在该市场该产品的“市场老大”。

（三）广告投放金额

广告是分市场、分产品投放的，投入1W广告费可选1个订单，每多投入2W增加一个选单数。即想选两个订单需要3W广告费，想选3个订单需要5W广告费，想选4个订单需要7W广告费，依次类推。

（四）客户订单

市场需求用客户订单的形式表示。订单上标注有订单编号、订单价值总额、产品数量、账期、产品认证资格的要求等信息，客户订单如表3-2所示。

表3-2　客户订单样例

订单编号	年度	产品	区域	数量	价格	总计	账期	条件
B0001	1	P1	本地	3	5	15	3	加急\ ISO 9000 \ ISO 140000

1. 所有订单的产品交货必须在本年度1~4季度。条件标注为“加急”的必须在第1季度交货。如果订单不能按时交货，该客户订单失效。

2. 账期代表客户在收货之后，将要支付货款的期限。例如，账期为0，表示现金付款；账期为3期，代表客户以收货的季度为起始，3期之后到账的应收账款。

3. 如果订单上标注了ISO9000或ISO14000，那么要求企业必须取得了相应认证，才能得到这张订单。

（五）参加订货会并获取订单

每年第1季度，各企业的市场总监需要参加产品订货会。根据市场地位、产品广告投入，按顺序选择订单。选单规则包括：

1. 确定市场老大，市场老大有优先选单权。由上年市场老大（该市场该产品广告投放金额最大）选单。

2. 非市场老大，按产品广告投入量的多少排序，依次选择订单；若在同一产品上有多家企业的广告投入相同，则按该市场上全部产品的广告投入量决定选单顺序；若该市场上全部产品的广告投入量相同，则按该年度全部市场全部产品的广告投入量决定选单顺序。

选单顺序包括市场顺序和产品顺序：

市场顺序：本地→区域→国内→亚洲→国际。

产品顺序：P1 → P2 → P3 → P4。

3. 轮到本企业选择订单时，一次性选完最大选单数之后，有订单剩余的情况下，排在后面的企业再进行选单。

4. 上一年的市场老大在该市场、该产品有优先选单权，但也必须投广告，每个产品投至少 1W 即可优先选单，如果需要选多个订单则需要按照前述规定的方式投入广告费。

第二节　投资规则

企业要想提高竞争能力，必须进行投资。投资分为固定资产投资和无形资产投资。固定资产投资包括购买厂房和建设生产线；无形资产投资包括产品研发、开发市场和 ISO 质量认证。

一、厂房投资

厂房可以购买，也可以租赁。购入厂房不需要计提折旧。租赁厂房需按年支付租金。厂房分为大厂房和小厂房，可以容纳生产线的数量不同。生产线不允许在不同厂房间移动。厂房可以由租赁转为购买，也可以由购买转为租赁。厂房投资规则如表 3 - 3 所示。

表 3 - 3　　厂房投资规则

厂房	买价（万元）	租金（万元）	售价（万元）	容量生产线（种）
大厂房	40	5/年	40	6
小厂房	30	3/年	30	4

1. 厂房出售。企业拥有的厂房可以在任何一个季度出售。出售的价格与买入的价格相同。出售厂房后，获得 4 个账期的应收账款。如果该厂房内有生产线出售的，当季便转为租赁状态。出售厂房获得的应收账款可以贴现。

2. 厂房租赁。厂房租金按年支付。退租的前提条件是该厂房内没有任何生产线。

二、生产线投资

有4种生产线供企业生产产品，分别是手工生产线、半自动生产线、全自动生产线和柔性生产线。生产效率与灵活性决定了生产线价格和安装周期。生产线投资规则如表3-4所示。

表3-4 **生产线投资规则** 金额单位：万元

生产线	购置费	安装周期	每期投资	生产周期	总转产费	转产周期	维修费	残值
手工线	5	0	5	3	0	0	1	1
半自动	8	2	4	2	1	1	1	2
全自动	16	4	4	1	4	2	1	4
柔性线	24	4	6	1	0	0	1	6

1. 所有生产线都能生产P系列的四种产品，每条生产线生产不同类型的产品的生产周期相同。所需支付的加工费相同，为1万元/产品。

2. 购买。投资新生产线时按安装周期平均支付投资，第一期投资时要确定该生产线所生产的产品。

3. 转产。现有生产线转产生产另一种产品时可能需要一定转产周期并支付一定转产费用，最后一笔支付到期一个季度后方可更换产品标识。手工生产线和柔性生产线不需要转产。

4. 维护。当年在建的生产线和当年出售的生产线不用交维修费。

5. 出售。出售生产线时，如果生产线净值等于残值，将残值转换为现金；如果生产线净值大于残值，将相当于残值的部分转换为现金，将差额部分作为费用处理（计入“其他收入/支出”）。

6. 折旧。无论生产线是否生产都会发生折旧。生产线建成的当年不计提折旧。建成年度的下一年度开始计提折旧，连续计提4年后净值等于残值时生产线不再计提折旧，但可继续使用。生产线折旧规则如表3-5所示。

表3-5 **生产线折旧规则** 单位：万元

生产线	第1年	第2年	第3年	第4年	第5年
手工线	0	1	1	1	1
半自动	0	2	2	1	1
全自动	0	3	3	3	3
柔性线	0	5	5	4	4

三、产品投资

1. 企业可生产 4 种产品，每种产品的研发时间、研发费用以及产品 BOM 组成都不同。产品研发规则如表 3 -6 所示。

表 3 -6　　产品研发规则

名称	研发费用/期（万元）	研发周期（期）
P1	—	—
P2	1	6 期
P3	2	6 期
P4	3	6 期

2. 规则说明。

（1）各产品研发投资可以同时进行，研发金额按研发周期等量投入，不可加速投入，研发费用计入当年的综合管理费用。

（2）产品完成全部研发投入即可领取产品生产资格证，并于获得生产资格证的下一个季度开始生产。

（3）研发可以中断或者终止。当资金短缺时，可以随时中断某一产品的研发。在资金充足时再继续投入产品研发投资。

四、ISO 认证

客户对质量和环境的要求，最终会反映在客户对企业产品的订单中。ISO9000 用于鉴证企业具有提供满足客户要求和适用法规要求的产品的能力。通过该认证的企业，在企业各方面管理整合上已达到国际标准，表明企业能持续稳定地向客户提供合格的产品。ISO14000 是企业建立和实施环境管理体系并通过认证的依据，目标是规范企业的环境整治行为以达到节省资源、减少环境污染、改善环境质量、促进经济持续健康发展的目标。两项认证投资可同时进行或延期，相应投资完成后领取 ISO 资格证。ISO 认证规则如表 3 -7 所示。

表 3 -7　　ISO 认证规则

认证类型	年度费用（万元）	年数（年）
ISO9000	1	2
ISO14000	1	3

第三节　生产规则

一、产品生产

产品研发完成后，才可以接单生产。生产不同产品需要的原材料不同。每条生产线同时只能有一个产品在线生产，在线生产时需要根据产品 BOM 投入规定数量的原材料，并且要支付 1 万元的固定加工费。产品生产规则如 3 – 8 所示。

表 3 – 8　　**产品生产规则**　　单位：万元

名称	产品 BOM	加工费	直接成本	产品总成本
P1	R1	1	1	2
P2	R1 + R3	1	2	3
P3	2R2 + R3	1	3	4
P4	R2 + R3 + 2R4	1	4	5

二、材料采购

原材料采购必须根据采购提前期向供应商下原料订单。原料订单到期时，企业必须以现金方式支付原材料采购费。材料采购规则如表 3 – 9 所示。

表 3 – 9　　**材料采购规则**

名称	购买价格（万元）	采购提前期
R1	1	1
R2	1	1
R3	1	2
R4	1	2

第四节　筹资与费用

资金是企业开展各种经营活动的基础，科学合理地进行融资尤为重要。企业的融资渠道主要有四种：长期贷款、短期借款、高利贷、贴现。每种融资方式的执行时间、额度、利息计算方式如表 3 – 10 所示。

表 3-10　融资规则

贷款类型	贷款时间	贷款额度	年息	还款方式
长期贷款	每年末	上一年所有者权益的 2 倍	10%	年末付息，到期还本
短期贷款	每季度初		5%	到期一次还本、付息
高利贷	任何时间	协商	20%	到期一次还本、付息
资金贴现	任何时间	视应收款额	按 1∶6 贴现	

（一）贷款额度

1. 长期贷款和短期借款的额度取决于本公司上年末所有者权益的金额。贷款额的上限公式如下：

贷款额度 = 上一年所有者权益 ×2 -（已有长期贷款 + 短期借款）

2. 为了简化计算，规定长期贷款以 10 万元为基本贷款，单位短期借款以 20 万元为基本贷款单位。

3. 高利贷没有贷款额上限。

（二）还款期限

1. 长期贷款的贷款期限是 5 年。需按年偿还利息，满 5 年时，需偿还本金及利息。

2. 短期借款的贷款期限是 4 个季度。到期时一次性偿还本金并支付利息。比如第 1 年第 2 季度借入短期借款 20 万元，第 2 年第 2 季度到期，需还本付息。

3. 高利贷是到期一次还本付息。时间不足一年的按每季度 5% 计算利息。

4. 资金贴现按照 1∶6 的比例，即将每 7 万元应收账款贴现，可得到 6 万元现金，差额 1 万元计入财务支出。为了简化计算，通常取 7 万元的倍数金额进行贴现。

（三）期间费用

1. 每季度需要固定支付 1 万元的行政管理费用。

2. 依法纳税是每个企业应尽的义务。在每年末根据企业当年税前利润乘以企业所得税税率，得出当年应缴所得税。企业所得税税率为 25%，当应缴所得税计算结果存在小数，按四舍五入取整。

3. 当年税前利润为负数，为了简化计算，则企业所得税为 0。

期间税费规则如表 3-11 所示。

表 3-11　期间税费规则

行政费用	1 万元/期	企业所得税税率	25%

第四章　模拟经营流程

在模拟经营中，将企业的经营过程设定成按每年 4 个季度周期性并且按照规定的工作流程进行。

第一节　企业运营流程

企业运营登记表列出了一个年度的企业模拟经营工作流程，如表 4－1 所示。每项经营流程都应该按照顺序执行。运营流程分为年初 4 项工作，按季度执行的 17 项工作，年末 6 项工作。执行任务清单时，由 CEO 主持团队成员各司其职，按从上到下、从左到右的顺序严格执行。每执行完一项任务，CEO 在方框中打“√”作为完成标志。在涉及现金收付的经营活动中，CFO 还需要在相应的方格内登记现金收支的情况。

表 4－1　　企业运营登记表

项目	1 季度	2 季度	3 季度	4 季度
1 新年度规划会议				
2 参加订货会/登记销售订单				
3 制定新年度计划				
4 支付应付税				
5 季初现金盘点（请填余额）				
6 更新短期贷款/还本付息/申请短期贷款或高利贷				
7 更新应付款/归还应付款				
8 原材料入库/更新原料订单				
9 下原料订单				
10 更新生产/完工入库				
11 投资新生产线/变卖生产线/生产线转产				
12 向其他企业购买原材料/出售原材料				
13 开始下一批生产				
14 更新应收款/应收款收现				
15 出售厂房				

续表

项目	1季度	2季度	3季度	4季度
16 向其他企业购买成品/出售成品				
17 按订单交货				
18 产品研发投资				
19 支付行政管理费				
20 其他现金收支情况登记				
21 支付利息/更新长期贷款/申请长期贷款				
22 支付设备维护费				
23 支付租金/购买厂房				
24 计提折旧				（ ）
25 新市场开拓/ISO 资格认证投资				
26 结账				
27 现金收入合计				
28 现金支出合计				
29 期末现金对账（请填余额）				

在企业运营登记表的方格中没有特别规定记录信息的规范，可以自主地登记一些更详细的信息，比如产品编码、原材料编码、数量、金额等。教学实践证明，登记信息详细一些，更方便跟沙盘盘面上的状态信息与报表核对，保证数据的准确性。

第二节　年初工作

一、新年度规划会议

在开始新的一年经营之初，CEO 应当召集各位业务主管召开新年度规划会议，根据各位主管掌握的信息和企业的实际情况，初步提出企业在新一年的各项投资规划，包括市场和认证开发、产品研发、设备投资、生产经营等规划。同时，为了能准确地在一年一度的产品订货会上争取销售订单，还应当根据规划精确地计算企业在该年的产品完工数量，确定企业的可接订单数量。

二、参加订货会、支付广告费、登记销售订单

只有参加产品订货会才能获取销售订单。参加产品订货会需要在目标市场投放广告费，只有投放了广告费，企业才有资格在该市场争取订单。

在参加订货会之前，企业需要分市场、分产品在广告投放信息表上登记投放的广告费金额。广告投放信息表是企业参加订货会的依据，也是企业当期支付广告费的依

据，应当采取科学的态度，认真对待。

一般情况下，市场总监代表企业参加订货会，争取销售订单。但为了从容应对竞单过程中可能出现的各种复杂情况，企业也可由市场总监与 CEO 或采购总监一起参加订货会。

广告费必须在参加订货会后一次性支付。所以，企业在投放广告时，应当充分考虑企业的支付能力。也就是说，投放的广告费一般不能突破企业年初现金库中的现金余额。

为了准确掌握销售情况，科学制定本年度工作计划，企业应将参加订货会争取的销售订单进行登记。拿回订单后，财务总监和市场总监分别在企业运营登记表和订单登记表中逐一对订单进行登记。为了将已经销售和尚未销售的订单进行区分，市场总监在登记订单时，只登记订单号、销售数量、账期，暂时不登记销售额、成本和毛利，当产品销售时，再进行登记。

三、制定新年度计划

企业参加订货会取得销售订单后，已经明确了当年的销售任务。企业应当根据销售订单对前期制定的新年度规划进行调整，制定新年度工作计划。新年度工作计划是企业在新的一年为了开展各项经营活动而事先进行的工作安排，它是企业执行各项任务的基本依据。新年度工作计划一般包括投资计划、生产计划、销售计划、采购计划、资金筹集计划等。企业的新年度计划主要围绕生产计划、采购计划和资金的筹集计划来进行。

四、支付应付税

依法纳税是每个公民应尽的义务，企业在年初应支付上年应交的税费。企业按照上年资产负债表中“应交税费”项目的数值交纳税费。交纳税费时，财务总监从现金中扣减相应现金，并在企业运营登记表对应的方格内记录现金的减少数。为了简化计算，当税费计算存在小数时，采取四舍五入取整。

第三节 每季度工作

一、季初盘点

为了保证账实相符，企业应当定期对资产进行盘点。企业的资产主要包括现金、应收账款、原材料、在产品、产成品等流动资产，以及在建工程、生产线、厂房等固定资产。盘点的方法主要采用实地盘点法，就是对沙盘盘面的资产逐一核对汇总，确定出实有数，然后将企业运营登记表上记录的余额与其核对，最终确定出余额。

盘点时，CEO 指挥、监督团队成员各司其职，认真进行。如果盘点的余额与账面数一致，各成员就将结果准确无误地填写在企业运营登记表的对应位置。季初余额等于上一季度末余额，由于上一季度末刚盘点完毕，所以可以直接根据上季度的季末余额填入。

操作要点如下：

1. 财务总监。根据上季度末的现金余额填写本季度初的现金余额。第 1 季度现金账面余额的计算公式：

年初现金余额 = 上年末库存现金 − 支付的本年广告费 − 支付上年应交的税费 + 其他收到的现金

2. 采购总监。根据上季度末库存原材料数填写本季度初库存原材料。

3. 生产总监。根据上季度末库存在产品数量填写本季度初在产品数量。

4. 市场总监。根据上季度末产成品数量填写本季度初产成品数量。

5. CEO。在监督各成员正确完成以上操作后，在企业运营登记表对应的方格内打“√”。

二、更新短期贷款/还本付息/申请短期贷款或高利贷

企业要发展，资金是保证。在经营过程中，如果缺乏资金，正常的经营可能都无法进行，更谈不上扩大生产和进行无形资产投资了。如果企业的经营活动正常，从长远发展的角度来看，应适度利用财务杠杆。

操作要点如下：

1. 财务总监。

（1）更新短期贷款。将短期借款往现金库方向推进一格，表示短期贷款离还款时间更接近。如果短期借款已经推进至现金库，则表示该贷款到期，应还本付息。

（2）还本付息。财务总监从现金库中扣减利息，在沙盘“年度期间费用”的“利息”处填写利息金额；将现金库中的金额扣减相当于应归还借款本金的现金。

（3）申请短期贷款。如果企业需要借入短期借款，则财务总监填写公司贷款申请表到交易处借款。短期借款借入后，填写借款金额到在短期借款的第 4 账期处，将现金库中的金额加上借款金额，表示现金的增加。

2. CEO。在监督财务总监正确完成以上操作后，在企业运营登记表对应的方格内打“√”。

三、更新应付款/归还应付款

企业如果采用赊购方式购买原材料，就涉及应付账款。如果应付账款到期，必须支付货款。企业应在每个季度对应付款进行更新。

操作要点如下：

1. 财务总监。

（1）更新应付款。将应付款向现金库方向移动一格，当应付款到达现金库时，表示应付款到期，必须用现金偿还，不能延期。

（2）归还应付款。从现金库中扣减现金付清应付款。

（3）记录。在任务清单对应的方格内登记现金的减少数。

2. CEO。在监督财务总监正确完成以上操作后，在任务清单对应的方格内打“√”。本教程中模拟经营规则不允许赊购，沙盘盘面也没有应付款相关的标识和方框，所以不进行操作。直接在企业运营登记表对应的方格内打“×”。

四、原材料入库/更新原料订单

企业只有在前期订购了原材料，在订单登记区登记了原材料采购数量的，才能购买原材料。每个季度，企业应将沙盘中的“原材料订单”向原材料仓库方向移动一格，表示更新原料订单。如果原材料订单本期已经移动至原材料库，表示原材料已经到达企业，企业应验收入库材料，并支付相应的材料款。

操作要点如下：

1. 采购总监。

（1）购买原材料。在盘面上填写原材料的本期入库数量。

（2）记录。在企业运营登记表对应的方格内登记入库的原材料数量。

（3）如果企业订购的原材料尚未到期，将沙盘中的“原材料订单”向上移动一格。

2. 财务总监。

（1）支付材料款。从现金库中扣减购买原材料需要的现金。

（2）记录。在企业运营登记表对应的方格内填上现金的减少数。

3. CEO。在监督财务总监和采购总监正确完成以上操作后，在任务清单对应的方格内打“√”。

五、下原料订单

企业购买原材料必须提前在“原材料订单”区下原料订单，没有下订单不能购买。下原料订单不需要支付现金。

操作要点如下：

1. 采购总监。

（1）下原料订单。“原材料订单”区填写原材料的订货数量。

（2）记录。在任务清单对应的方格内记录订购的原材料数量。

2. CEO。在监督采购总监正确完成以上操作后，在企业运营登记表对应的方格内打“√”。

六、更新生产/完工入库

一般情况下，产品加工时间越长，完工程度越高。企业应在每个季度更新生产。当产品完工后，应及时下线入库。

操作要点如下：

1. 生产总监。

（1）更新生产。将生产线上的在制品向前移动一格。如果产品已经移动到生产线以外，表示产品完工下线，将该产品在产品库的本期入库填写完工产品数量。

（2）记录。在任务清单对应的方格内记录完工产品的数量。如果产品没有完工，则在运营任务清单对应的方格内打“√”。

2. CEO。在监督生产总监正确完成以上操作后，在企业运营登记表对应的方格内打“√”。

七、投资新生产线/变卖生产线/生产线转产

企业要提高产能，必须对生产线进行改造，包括新购、变卖和转产等。新购的生产线安置在厂房空置的生产线位置；如果没有空置的位置，必须先变卖生产线。变卖生产线的目的主要是出于战略的考虑，比如将手工线换成全自动生产线等。如果生产线要转产，应当考虑转产周期和转产费。

操作要点如下：

1. 投资新生产线。

（1）生产总监。

- 填写标识。在某厂房空置的生产线位置标记生产线类型，用括号加数字代表安装周期。

（2）财务总监。

- 支付生产线建设费。从现金库扣减现金。
- 记录。在企业运营登记表对应的方格内填上现金的减少数。

2. 变卖生产线。

（1）生产总监。

- 变卖。将盘面生产线数据擦除。

（2）财务总监。

- 收现金。将变卖生产线收到的现金加到现金库的输入框。
- 记录。在企业运营登记表对应的方格内记录现金的增加数。

3. 生产线转产。

（1）生产总监。

- 更换标识。将生产线标识为“转产”。

（2）财务总监。

● 支付转产费。扣减盘面上的现金库金额。

● 记录。在企业运营登记表对应的方格内登记支付转产费而导致的现金减少数。

（3）CEO。在监督生产总监正确完成以上操作后，在企业运营登记表对应的方格内打“√”。如果不做上面的操作，则在运营任务清单对应的方格内打“×”。

八、向其他企业购买原材料/出售原材料

企业如果没有下原料订单，就不能购买材料。如果企业生产急需材料，又不能从交易处购买，就只能从其他企业购买。当然，如果企业有暂时多余的材料，也可以向其他企业出售，收回现金。值得说明的是，从 ERP 理论视角，企业应尽量做到精确地计算产能及物料需求，这样才能体现 ERP 的物流、资金、信息三流合一。

1. 向其他企业购买原材料。

操作要点如下：

（1）采购总监。

● 谈判。在进行组间的原材料买卖时，双方要谈妥材料的交易价格，并采取一手交钱一手交货的方式进行交易。

● 购买原材料。本企业从其他企业处购买原材料，先从财务总监处申请取得购买材料需要的现金，买进材料后，修改盘面的本期入库数量。应当注意的是，材料的成本是企业从其他企业购买材料支付的价款，在计算产品成本时应按该成本作为产品原材料成本。

● 记录。在企业运营登记表对应的方格内填上购入的原材料数量，并记录材料的实际成本。

（2）财务总监。

● 付款。根据购买材料需要的现金，计算并扣减现金库金额。

● 记录。将购买原材料支付的现金数记录在企业运营登记表对应的方格内。

2. 向其他企业出售原材料。

操作要点如下：

（1）采购总监。

● 出售原材料。从原材料库扣减原材料，收到对方支付的现金后将原材料交给购买方。

● 记录。在任务清单对应的方格内填上因出售而减少的原材料数量。

（2）财务总监。

● 收现金。将出售材料收到的现金加入现金库。

● 交易收益的处理。如果出售原材料收到的现金超过购进原材料的成本，表示企业取得了交易收益，财务总监应当将该收益记录在利润表的“其他收入/支出”栏（为正数）。

● 记录。将出售原材料收到的现金数记录在企业运营登记表对应的方格内。

（3）CEO。在监督采购总监和财务总监正确完成以上操作后，在企业运营登记表

对应的方格内打“√”。如果不做上面的操作，则在企业运营登记表对应的方格内打“×”。

九、开始下一批生产

企业如果有闲置的生产线，尽量安排生产。因为闲置的生产线仍然需要支付设备维护费、计提折旧，企业只有生产产品，并将这些产品销售出去，这些固定费用才能得到弥补。

操作要点如下：

1. 生产总监。

（1）领用原材料。从采购总监处申请领取生产产品需要的原材料。

（2）加工费。从财务总监处申请取得生产产品需要的加工费。

（3）上线生产。将盘面上的生产线第 1 期的输入框填写产品名称及成本金额，表示开始投入产品生产。

（4）记录。在企业运营登记表对应的方格内登记投产产品的数量。

2. 财务总监。

（1）支付现金。在现金库中扣减加工费。

（2）记录。在企业运营登记表对应的方格内登记现金的减少数。

3. 采购总监。

（1）发放原材料。根据生产总监的申请，发放生产产品所需要的原材料。

（2）记录。在企业运营登记表对应的方格内登记生产领用原材料导致原材料的减少数。

4. CEO。在监督正确完成以上操作后，在企业运营登记表对应的方格内打“√”。

十、更新应收款/应收款收现

企业销售产品一般收到的是应收款。每个季度将应收款向现金库方向推进一格，表示应收款账期的减少。当应收款被推进现金库时，表示应收款到期，企业应根据应收款获得现金。

操作要点如下：

1. 财务总监。

（1）更新应收款。将应收款往现金库方向推进一格。当应收款推进现金库时，表示应收款到期。

（2）应收款收现。如果应收款到期，直接将现金库金额加计修改。

（3）记录。在运营任务清单对应的方格内登记应收款到期收到的现金金额。

2. CEO。在监督正确完成以上操作后，在企业运营登记表对应的方格内打“√”。

十一、出售厂房

企业如果需要筹集资金，可以出售厂房。厂房按原值出售。出售厂房当期不能收到现金，只能得到第 4 账期的应收账款。如果厂房内已有生产线，则自动转为租赁厂房，需在年底支付租金。

操作要点如下：

1. 财务总监。记录应收账款。在应收账款的第 4 账期输入框填写出售金额。

2. CEO。在监督正确完成以上操作后，在企业运营登记表对应的方格内打"√"。

十二、向其他企业购买成品/出售成品

企业参加产品订货会时，如果取得的销售订单超过了企业最大生产能力，当年不能按订单交货，则构成违约并且订单失效。为此，企业可以从其他企业购买产品来交单。如果企业有库存积压的产品，也可以向其他企业出售。

1. 向其他企业购买产品。

操作要点如下：

（1）市场总监。

- 谈判。在进行组间的产品买卖时，双方要谈妥产品的交易价格，并采取一手交钱一手交货的交易方式进行交易。
- 购买。从财务总监处申请取得购买产品所需要的现金，买进产品后，盘面登记对应产品库的入库数量。注意：购进的产品成本应当是购进时支付的价款，在计算产品销售成本时应当按该成本计算。
- 记录。在企业运营登记表对应的方格内记录购入的产品数量。

（2）财务总监。

- 付款。根据市场总监的申请，审核后，扣减购买材料需要的现金。
- 记录。将购买产品支付的现金数记录在企业运营登记表对应的方格内。

2. 向其他企业出售产品。

操作要点如下：

（1）市场总监。

- 出售。从产品库扣减出库数量，从对方取得现金后将产品交给购买方。

（2）财务总监。

- 收到现金。将出售产品收到的现金加计到现金库。
- 出售收益的处理。如果出售产品多收到了现金，即组间交易出售产品价格高于购进产品的成本，表示企业取得了交易收益，应当在编制利润表时将该收益记录在利润表的"其他收入/支出"栏（为正数）。
- 记录。将出售产品收到的现金数记录在企业运营登记表对应的方格内。

（3）CEO。在监督市场总监和财务总监正确完成以上操作后，在企业运营登记表对应的方格内打“√”。如果不做上面的操作，则在企业运营登记表对应的方格内打“×”。

十三、按订单交货

企业只有将产品销售出去才能实现收入，也才能收回垫支的成本。产品生产出来后，企业应按销售订单交货。

操作要点如下：

1. 市场总监。

- 销售。销售产品前，在订单登记表中登记销售订单的销售额，计算出销售成本和毛利之后，确认应收款账金额。
- 记录。在完成上述操作后，在企业运营登记表对应的方格内打“√”。如果不做上面的操作，则在任务清单对应的方格内打“×”。

2. 财务总监。

- 收到销货款。如果销售取得的是应收账款，则将盘面对应账期的应收账款做登记；如果取得的是现金，加计现金到现金库。

3. CEO。在监督市场总监和财务总监正确完成以上操作后，在企业运营登记表对应的方格内打“√”。如果不做上面的操作，则在运营任务清单对应的方格内打“×”。

十四、产品研发投资

企业要研发新产品，必须投入研发费用。每季度的研发费用在季末一次性支付。当新产品研发完成，企业在下一季度可以投入生产。

操作要点如下：

1. 市场总监。

（1）研发投资。企业如果需要研发新产品，填写盘面上对应产品的本期投入数。如果产品研发投资完成，则在盘面对应产品上打“√”。企业取得生产资格证后，从下一季度开始，可以生产该产品。

（2）记录。在企业运营登记表对应的方格内打“√”。

2. 财务总监。

（1）支付研发费。根据市场总监提出的申请，审核后，扣减现金金额。

（2）记录。如果支付了研发费，则在企业运营登记表对应的方格内登记现金的减少数。

3. CEO。在监督完成以上操作后。在企业运营登记表对应的方格内打“√”。如果不做上面的操作，则在运营任务清单对应的方格内打“×”。

十五、支付行政管理费

企业在生产经营过程中会发生诸如办公费、人员工资等管理费用。模拟企业中，行政管理费在每季度末一次性支付1万元，无论企业经营情况好坏、业务量多少都是固定不变的，这是一种简化的规则，与实际工作存在差异。

操作要点如下：

1. 财务总监。

（1）支付管理费。每季度扣减现金1万元，在综合费用的“管理费”处填写扣减金额。

（2）记录。在任务清单对应的方格内登记现金的减少数。

2. CEO。在监督完成以上操作后，在企业运营登记表对应的方格内打“√”。

十六、其他现金收支情况登记

企业在经营过程中可能会发生除上述外的其他现金收入或支出，企业应将这些现金收入或支出进行记录。

操作要点如下：

1. 财务总监。企业如果有其他现金增加和减少情况，则在企业运营登记表对应的方格内登记现金的增加或减少数。

2. CEO。在监督完成以上操作后，在企业运营登记表对应的方格内打“√”。如果不做上面的操作，则在任务清单对应的方格内打“×”。

十七、季末盘点

每季度末，企业应对现金、原材料、在产品和产成品进行盘点，并将盘点的数额与账面结存数进行核对，如果账实相符，则将该数额填写在任务清单对应的方格内。如果账实不符，则找出原因后再按照实际数填写。

余额的计算公式为：

现金余额＝季初余额＋现金增加额－现金减少额

原材料库存余额＝季初原材料库存数量＋本期原材料入库数量－本期原材料出库数

在产品余额＝季初在产品数量＋本期在产品投产数量－本期完工入库产品数量

产成品余额＝季初产成品数量＋本期产成品完工入库数量－本期产成品销售出库数量

第四节　年末工作

企业4个季度的工作结束后，就要完成年末工作。年末工作主要包括：进行各种账项的计算和结转；编制各种报表，计算当年的经营成果，反映当前的财务状况；对当年经营情况进行分析总结。

一、支付利息/更新长期贷款/申请长期贷款

企业为了发展，可能需要借入长期贷款。长期贷款主要是用于长期资产投资，比如购买生产线、产品研发等。沙盘企业中，长期贷款只能在每年末进行，贷款期限在一年以上，每年末付息一次，到期还本。本年借入的长期贷款下年末支付利息。

操作要点如下：

1. 财务总监。

（1）支付利息。根据企业已经借入的长期贷款计算本年应支付的利息，从现金库中扣减相应的利息，并填写在“年度期间费用”的“利息”处。

（2）更新长期贷款。将长期贷款往现金库推进一格，表示偿还期的缩短。如果长期贷款已经被推至现金库中，表示长期贷款到期，应归还该贷款。

（3）申请长期贷款。收到贷款后，登记现金库；同时，在长期贷款对应的账期处，填写长期贷款金额。

（4）记录。在企业运营登记表对应的方格内登记因支付利息、归还本金导致的现金减少数，以及借入长期贷款增加的现金数。

2. CEO。在监督财务总监完成以上操作后，在企业运营登记表对应的方格内打“√”。如果不做上面的操作，则在运营任务清单对应的方格内打“×”。

二、支付设备维护费

设备使用过程中会发生磨损，要保证设备正常运转，就需要进行维护。设备维护会发生诸如材料费、人工费等维护费用。沙盘模拟经营企业中，只有生产线需要支付维护费。年末，只要有生产线已建设完成，无论是否生产，都应支付维护费。尚未安装完工的生产线不支付维护费。设备维护费每年末用现金一次性集中支付。

操作要点如下：

1. 财务总监。

（1）支付维护费。根据期末现有完工的生产线支付设备维护费。支付设备维护费时，从现金库中扣减现金，填写到综合费用的“维护费”处。

（2）记录。在任务清单对应的方格内登记现金的减少数。

2. CEO。在监督财务总监完成以上操作后，在企业运营登记表对应的方格内打“√”。

三、支付租金/购买厂房

企业要生产产品，必须要有厂房。厂房可以购买，也可以租用。年末，企业如果

在使用没有购买的厂房，则必须支付租金；如果不支付租金，则必须购买。

操作要点如下：

1. 财务总监。

（1）支付租金。从现金库中扣减现金，填写到综合费用的“租金”处。

（2）购买厂房。从现金库中扣减购买厂房的现金，填写到厂房的“价值”处。

（3）记录。在企业运营登记表对应的方格内登记支付租金或购买厂房减少的现金数。

2. CEO。在监督财务总监完成以上操作后，在企业运营登记表对应的方格内打“√”。如果不做上面的操作，则在运营任务清单对应的方格内打“×”。

四、计提折旧

固定资产在使用过程中会发生损耗，导致价值降低，应对固定资产计提折旧。在ERP沙盘模拟经营中，固定资产计提折旧采用了简化的处理方法，与实际工作有一些差异。这些差异主要表现在：折旧在每年末计提一次，计提折旧的范围仅限于生产线，折旧的方法采用直线法取整计算，在会计处理上，折旧费全部作为当期的期间费用，没有计入产品成本。

操作要点如下：

1. 财务总监。

（1）计提折旧。根据规则对生产线计提折旧。盘面上扣减生产线的“价值”。填写相应的金额在综合费用的“折旧”处。

（2）记录。在企业运营登记表对应的方格内登记折旧的金额。注意，在计算现金支出时，折旧不能计算在内，因为折旧并没有减少现金。

2. CEO。在监督财务总监完成以上操作后，在企业运营登记表对应的方格内打“√”，

五、新市场开拓/ISO资格认证投资

企业要扩大产品的销路必须开发新市场。不同的市场开拓所需要的时间和费用是不相同的。同时，有的市场对产品有ISO资格认证要求，企业需要进行ISO资格认证投资。ERP沙盘模拟经营中，每年开拓市场和ISO资格认证的费用在年末一次性支付，计入当期的综合费用。

操作要点如下：

1. 市场总监。

（1）新市场开拓。从财务总监处申请开拓市场所需要的现金，填写在盘面所开拓市场对应的本期投入位置。当市场开拓完成，将对应的市场打“√”，表示开拓完成。

（2）ISO资格认证投资。从财务总监处申请ISO资格认证所需要的现金，填写在

盘面 ISO 资格认证对应的本期投入位置。当认证完成，将对应的 ISO 资格认证打“√”，表示开拓完成。

（3）记录。进行了市场开拓或 ISO 认证投资后，在运营任务清单对应的方格内打“√”，否则，打“×”。

2. 财务总监。

（1）支付费用。扣减盘面的现金。

（2）记录。在企业运营登记表对应的方格内记录现金的减少数。

3. CEO。在监督市场总监和财务总监完成以上操作后，在企业运营登记表对应的方格内打“√”。

六、结账

一年经营结束，进行一次资金盘点，编制综合管理费用明细表、资产负债表和利润表。结账后，本年度的经营也就结束了，本年度所有的经营数据不能随意更改。结账后，在企业运营登记表对应的方格内打“√”。

第五节　编制报表

沙盘企业每年的经营结束后，应当编制相关会计报表，及时反映当年的财务和经营情况，主要包括产品核算统计表、综合费用明细表、利润表和资产负债表。

一、产品核算统计表

产品核算统计表（格式见表 4-2）是企业根据企业实际销售情况编制的产品销售报表。其数据来源于订单登记表（格式见附录 4）。企业在取得销售订单后，市场总监应及时登记订单情况，当产品实现销售后，应及时登记产品销售的销售额、销售成本，并计算该产品的毛利。年度的企业经营结束后，市场总监根据订单登记表，分产品汇总各种产品的销售数量、销售额、销售成本和毛利，并将汇总结果填列在产品核算统计表中。

表 4-2　产品核算统计表

	P1	P2	P3	P4	合计
数量					
销售额					
成本					
毛利					

之后，市场总监将产品核算统计表交给财务总监，财务总监根据产品核算统计表中汇总的数据，登记利润表中的“销售收入”“直接成本”“毛利”栏。

二、综合费用明细表

综合费用明细表（格式见表4－3）是综合反映在经营期间发生的各种除产品生产成本、财务费用外的其他费用。根据沙盘上的“年度期间费用”处的支出进行填写。

表4－3　　综合费用明细表

项目	金额	备注
管理费		
广告费		
维修费		
租　金		
转产费		
市场准入		□区域　□国内　□亚洲　□国际
ISO 资格认证		□ISO9000　□ISO14000
产品研发		P2（　）　P3（　）　P4（　）
其　他		
合　计		

综合费用明细表的填制方法如下：

1. “管理费”项目根据企业当年支付的行政管理费填列。企业每季度支付 1 万元的行政管理费，全年共支付行政管理费 4 万元。

2. “广告费”项目根据企业当年初的“广告登记表”中填列的广告费填列。

3. “维修费”项目根据企业实际支付的生产线维修费填列。根据规则，只要生产线建设完工，不论是否生产，都应当支付维修费。

4. “租金”项目根据企业支付的厂房租金填列。

5. “转产费”项目根据企业生产线转产支付的转产费填列。

6. “市场准入”项目根据企业本年开发市场支付的开发费填列。为了明确开拓的市场，需要在“备注”栏本年开拓的市场前标注类型。

7. “ISO 资格认证”项目根据企业本年 ISO 认证开发支付的开发费填列。为了明确认证的种类，需要在“备注”栏本年认证的名称前标注类型。

8. “产品研发”项目根据本年企业研发产品支付的研发费填列。为了明确产品研发的品种，应在“备注”栏产品的名称后划“√”。

9. “其他”项目主要根据企业发生的其他支出填列。

三、利润表

利润表（格式见表4－4）是反映企业一定期间经营状况和经营成果的会计报表。利润表把一定期间内的营业收入与其同一期间相关的成本费用相配比，从而计算出企业一定时期的利润。通过编制利润表，可以反映企业生产经营的收益情况、成本耗费情况，表明企业生产经营成果。同时，通过利润表提供的不同时期的比较数字，可以分析企业利润的发展趋势和获利能力。

表4－4　　利润表

序号	项目	数据来源或算法	上年数	本年数
1	销售收入	销售额合计		
2	直接成本	销售成本		
3	毛利	1－2		
4	综合费用	综合管理费用合计		
5	折旧前利润	3－4		
6	折旧	盘面的折旧数据		
7	支付利息前利润	5－6		
8	财务收入/支出	利息或贴息		
9	其他收入/支出	其他收入和支出		
10	税前利润	7＋/－8＋/－9		
11	所得税	10行为正数时，乘税率取整		
12	净利润	10－11		

利润表的编制方法如下：

1. 利润表中“上年数”栏反映各项目的上年的实际发生数，根据上年利润表的“本年数”填列。利润表中“本年数”栏反映各项目本年的实际发生数，根据本年实际发生额的合计填列。

2. “销售收入”项目，反映企业销售产品取得的收入总额，应根据“产品核算统计表”填列。

3. “直接成本”项目，反映企业本年已经销售产品的实际成本，应根据“产品核算统计表”填列。

4. “毛利”项目，反映企业销售产品实现的毛利，根据销售收入减去直接成本后的余额填列。

5. “综合费用”项目反映企业本年发生的综合费用，根据“综合费用表”的合计数填列。

6. “折旧前利润”项目反映企业在计提折旧前的利润，根据毛利减去综合费用后的余额填列。

7. “折旧”项目反映企业当年计提的折旧额，根据当期计提的折旧额填列。

8. “支付利息前利润”项目反映企业支付利息前实现的利润，根据折旧前利润减去折旧后的余额填列。

9. “财务收入/支出”项目反映企业本年发生的财务收入或者财务支出，比如借款利息、贴息等，根据沙盘上的“利息”填列。

10. “其他收入/支出”项目反映企业其他业务形成的收入或者支出，比如出租厂房取得的收入等。

11. “税前利润”项目反映企业本年实现的利润总额，根据支付利息前的利润加财务收入减去财务支出，再加上其他收入减去其他支出后的余额填列。

12. “所得税”项目反映企业本年应交纳的所得税费用，本项目根据税前利润乘以企业所得税税率后，按四舍五入取整后的金额填列。

13. “净利润”项目反映企业本年实现的净利润，根据税前利润减去所得税后的余额填列。

四、资产负债表

资产负债表（格式见表4－5）是反映企业某一特定日期财务状况的会计报表。它是根据“资产＝负债＋所有者权益”的会计等式编制的。

表4－5　　资产负债表

序号	资产	数据来源或算法	期初数	期末数	序号	负债和所有者权益	数据来源或算法	期初数	期末数
流动资产：					负债：				
1	现金	盘面现金			12	长期负债	一年以上到期的长期贷款		
2	应收款	应收账款合计			13	短期负债	短期借款合计		
3	在制品	在产品成本合计			14	应付账款	无		
4	成品	产成品成本合计			15	应交税费	利润表中的所得税		
5	原料	原材料成本合计			16	一年内到期的长期负债	一年内到期的长期负债		
6	流动资产合计	1＋2＋3＋4＋5			17	负债合计	12＋13＋14＋15＋16		
固定资产：					所有者权益：				
7	土地和建筑	厂房价值			18	股东资本	股本		
8	机器与设备	生产线净值			19	利润留存	上一年利润留存＋上一年度净利润		
9	在建工程	在建生产线价值			20	年度净利	利润表中的净利润		
10	固定资产合计	7＋8＋9			21	所有者权益合计	18＋19＋20		
11	资产总计	6＋10			22	负债和所有者权益总计	17＋21		

从资产负债表的结构可以看出，资产负债表由期初数和期末数两个栏目组成。资产负债表的“期初数”栏各项目数字应根据上年末资产负债表“期末数”栏内所列数字填列。

资产负债表的“期末数”栏各项目主要是根据有关项目期末余额资料编制，其数据的来源主要通过以下六种方式取得。

1. 资产类项目主要根据沙盘盘面的资产状况通过盘点后的实际金额填列。

2. 负债类项目中的“长期负债”和“短期负债”根据沙盘上的长期借款和短期借款数额填列，如果有将于一年内到期的长期负债，应单独反映。

3. “应交税费”项目根据企业本年“利润表”中的“所得税”项目的金额填列。

4. “所有者权益类”中的股东权益项目，如果本年股东没有增资的情况下，直接根据上年末“利润表”中的“股东资本”项目填列，如果发生了增资，则为上年末的股东资本加上本年增资的资本。

5. “利润留存”项目根据上年利润表中的“利润留存”和“年度净利”两个项目的合计数填列。

6. “年度净利”项目根据“利润表”中的“净利润”项目填列。

第五章　模拟经营实例

本着由简入繁的原则，本章以第二章所介绍的已经经营了 3 年的企业为例，再继续经营 3 年。在这 3 年的经营过程中，我们尝试不同的经营策略，其中，第 1 年采用保守的经营战略，第 2、第 3 年采用积极的经营战略，请观察和分析企业各项经营数据的变化情况，从而理解 ERP 财务相关理论，感受经营决策对企业经营绩效的影响。

第一节　第 1 年的经营

一、年初工作

由 CEO 组织企业的高管召开新年度规划会议。由于刚刚接手这家企业，企业管理层一致认为应该实施保守的经营战略。管理层作出如下决定：

第 1 年保守经营。不进行融资，不投资新生产线，不研发新的产品，不拓展新市场，不进行 ISO 认证。每季度固定下一个 R1 的采购订单。

投放 1 万元的广告费到本地市场 P1。获得本地市场 P1 产品的订单 1 张，如表 5－1 所示。盘面扣减 1 万元现金，填写广告费 1 万元。

表 5－1　　第 1 年市场订单

竞单编号	年度	产品	区域	数量	价格	总计	账期	条件
B0001	1	P1	本地	6	5.33	32	2	无

支付企业所得税 1 万元。盘面扣减 1 万元现金，填写税费 1 万元。

二、季度工作

1. 期初现金盘点，18 万元。

2. 更新短期贷款还本付息，申请短期贷款。本期没有，略过。

3. 更新应付款，归还应付款。本期没有，略过。

4. 原材料入库更新原材料订单。本期有 2 个 R1 到货。需要支付 2 万元的现金，现金库扣减 2 万元。在原材料库的 R1 本期入库方框中登记 2 个 R1。成本为 2 万元。

5. 下原料订单。本期按照管理层决策下一个 R1 的采购订单。在订货提前期区。

一期的方格中填写 1 个 R1。如图 5 –1 所示。

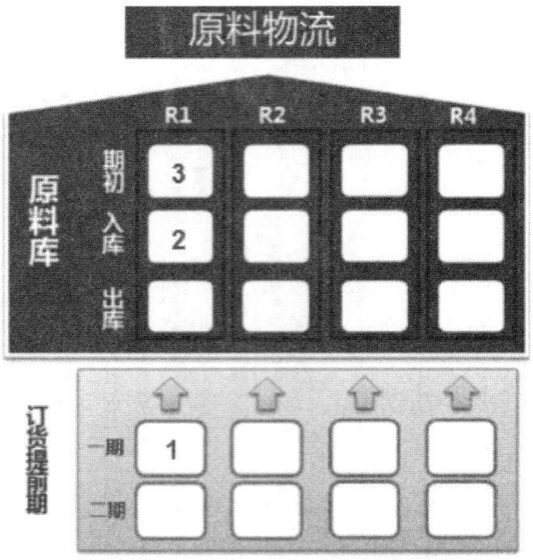

图 5 –1　原料库及订货参数设置

6. 更新生产完工入库。本期第 3 号生产线有一个 P1 下线。在产品库的 P1 产品的入库单元格中。填写 1 个 P1。成本为 2 万元。

7. 投资新生产线，变卖生产线，生产线转产。本期没有该业务，略过。在经营登记表中画“×”。

8. 向其他企业购买原材料，出售原材料。本期没有该业务，略过。在经营登记表中画“×”。

9. 开始下一批生产。各生产线上的标记向上移动一格。3 号生产线空出来，可以投入新的产品。本期新投入 1 个 P1 的生产。需要领用 1 个 R1，并支付 1 万元的加工费。生产更新如图 5 –2 所示。特别提醒：产品入库与新产品投产是在同一期执行的，当期入产品库的产品也可以在当期直接销售出库。

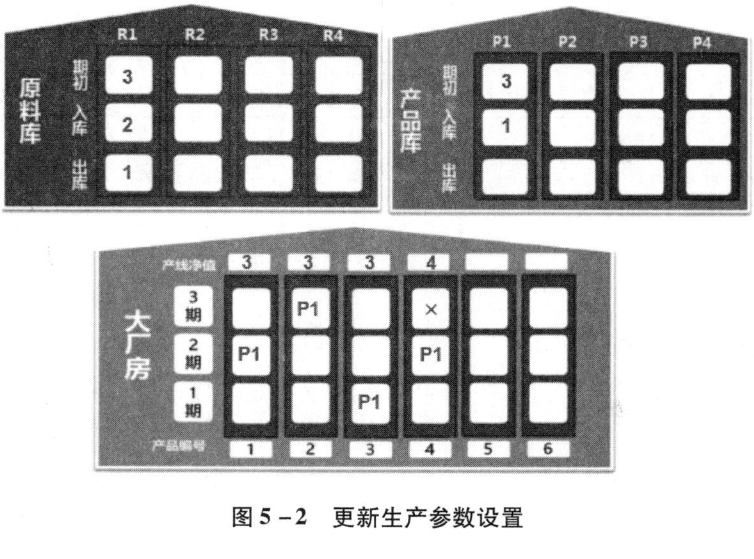

图 5 –2　更新生产参数设置

10. 更新应收款或应收款收现。应收账款从第 3 期向左移动一格。填写到第 2 期。应收账款盘面更新如图 5－3 所示。

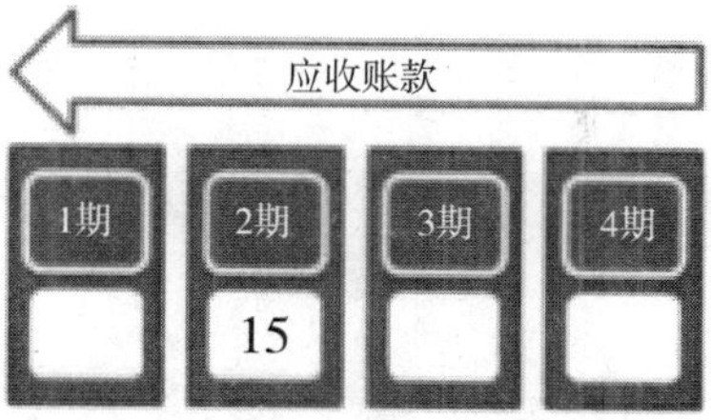

图 5－3　应收账款盘面参数设置

11. 出售厂房。本期没有该业务，略过。在经营登记表中画“×”。如果出售将得到 4 个季度的应收账款。

12. 向其他企业购买成品或出售产品。本期没有该业务，略过。在经营登记表中画“×”。

13. 按订单交货。本期没有该业务，略过。提示：在本年第 2 季度。库存 P1 的数量将达到 6 个，达到订单要求的数量可以交货。登记订单登记表的成本登记应收账款。

14. 产品研发投资。本期没有该业务，略过。在经营登记表中画“×”。

15. 支付行政管理费。本期需要支付 1 万元的费用。提示：以后每期均需要固定支付 1 万元的行政管理费用。本项操作跟实务存在较大差异，实务中的行政管理费用往往根据实际发生数确认和计量。

16. 计算本期的现金收支情况。本期现金收入为 0。本期现金支出合计为 4 万元，期末现金对账余额为 14 万元。

第 2、第 3、第 4 季度操作与以上步骤相同，根据经营登记表的先后顺序进行推演。

三、盘面信息

1. 企业第 1 季度末盘面如图 5－4 所示。
2. 企业第 2 季度末盘面如图 5－5 所示。
3. 企业第 3 季度末盘面如图 5－6 所示。

四、年末工作

1. 支付利息更新长期贷款，申请长期贷款。企业有合计 40 万元的长期贷款，本年应支付长期贷款利息 4 万元，需要扣减现金 4 万元。长期贷款的金额标签向现金方向移动一格。

2. 支付设备维修费。每条生产线 1 万元，4 条生产线合计 4 万元，扣减现金 4 万元。

3. 支付租金购买厂房。本期没有该业务，略过。在经营登记表中画“×”。

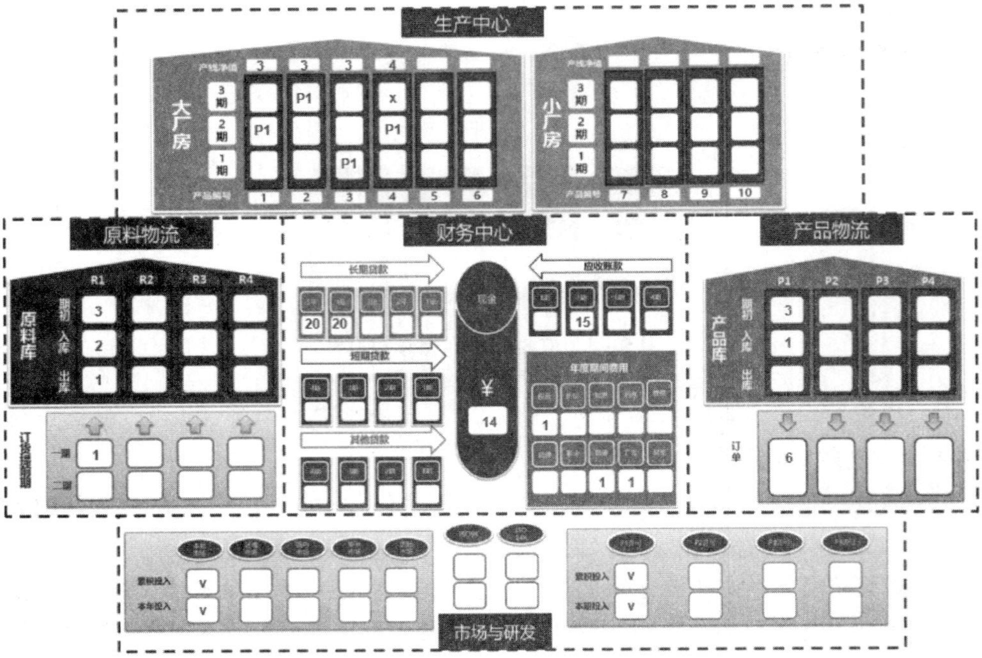

图 5 - 4　第 1 年第 1 季度盘面设置

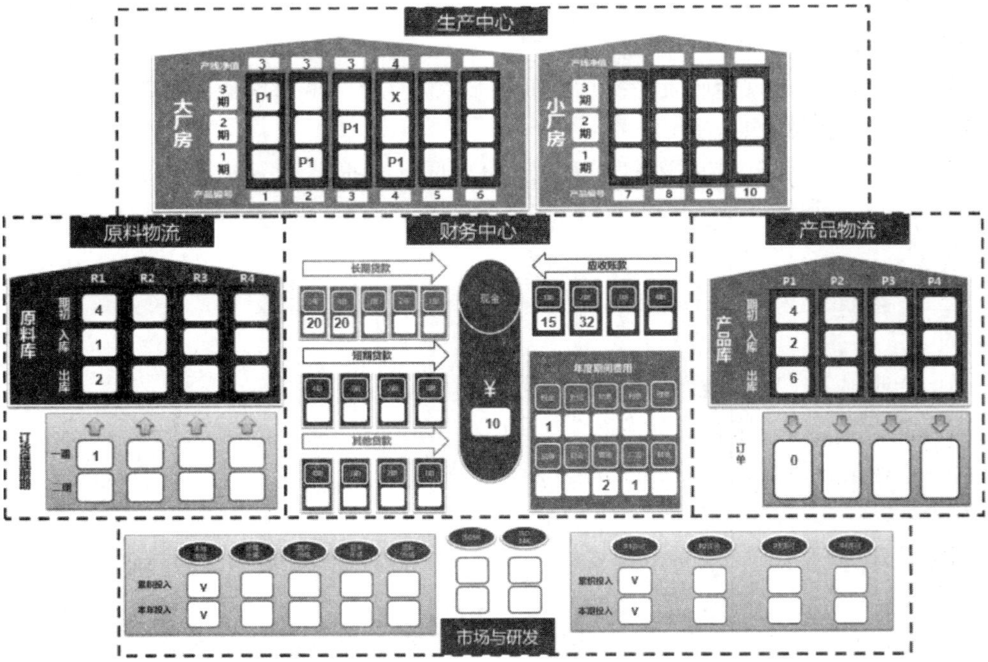

图 5 - 5　第 1 年第 2 季度盘面设置

4. 计提折旧。3 条手工线和 1 条半自动线，折旧累计 4 万元。

5. 新市场开拓 ISO 资格认证。本期没有该业务，略过。在经营登记表中画

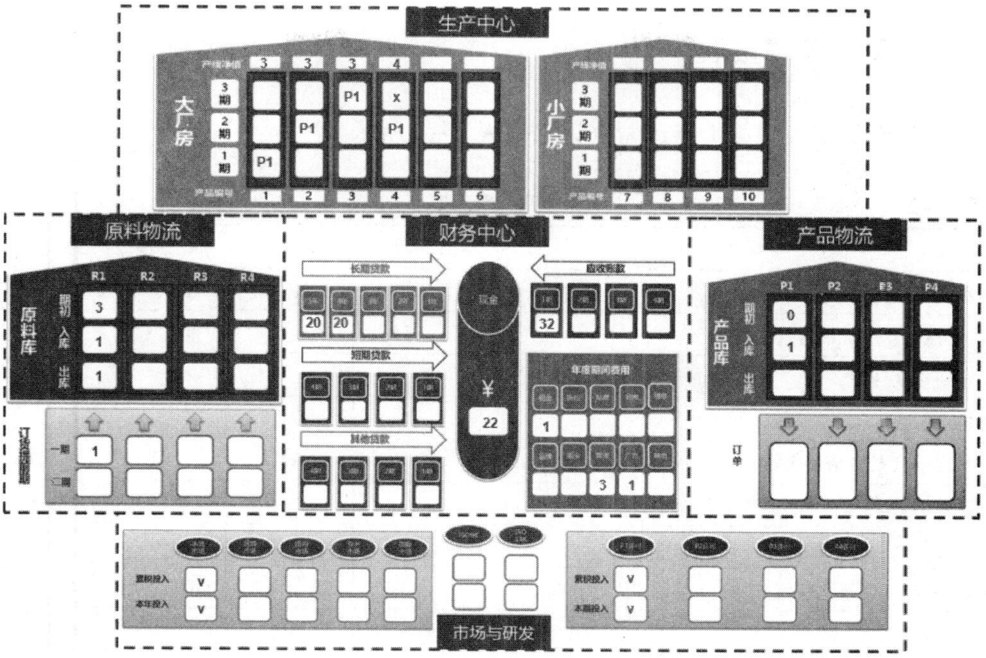

图 5－6　第 1 年第 3 季度盘面设置

“×”。提示：如果有市场开拓和 ISO 认证，需要扣减相应现金。

6. 结账。年末盘面如图 5－7 所示。

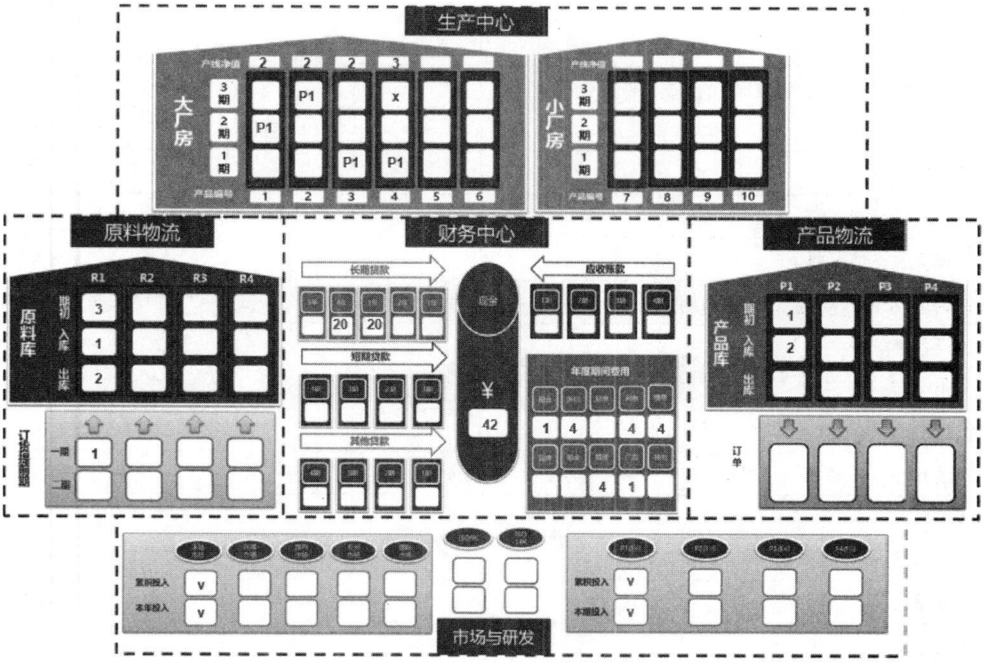

图 5－7　第 1 年第 4 季度盘面设置

五、第 1 年的报表

1. 运营登记表。第 1 年运营登记表如表 5－2 所示。

表 5－2　　运营登记表

项目	1 季度	2 季度	3 季度	4 季度
新年度规划会议	√			
参加订货会/登记销售订单	－1			
制定新年度计划	√			
支付应付税	－1			
季初现金盘点（请填余额）	18	14	10	22
更新短期贷款/还本付息/申请短期贷款（高利贷）	×	×	×	×
更新应付款/归还应付款	×	×	×	×
原材料入库/更新原料订单	2R1（－2）	1R1（－1）	1R1（－1）	1R1（－1）
下原料订单	1R1	1R1	1R1	1R1
更新生产/完工入库	1P1	2P1	1P1	2P1
投资新生产线/变卖生产线/生产线转产	×	×	×	×
向其他企业购买原材料/出售原材料	×	×	×	×
开始下一批生产	1R1（－1）	2R1（－2）	1R1（－1）	2R1（－2）
更新应收款/应收款收现	√	√	15	32
出售厂房	×	×	×	×
向其他企业购买成品/出售成品	×	×	×	×
按订单交货	×	6P1 交付	×	×
产品研发投资	×	×	×	×
支付行政管理费	－1	－1	－1	－1
其他现金收支情况登记	×	×	×	×
支付利息/更新长期贷款/申请长期贷款				－4
支付设备维护费				－4
支付租金/购买厂房				×
计提折旧（括号标注：非现金减项）				（－4）
新市场开拓/ISO 资格认证投资				×
结账				√
现金收入合计	0	0	15	32
现金支出合计	－4	－4	－3	－12
期末现金对账（请填余额）	14	10	22	42

2. 产品核算统计表。第 1 年产品核算统计表如表 5－3 所示。

表 5－3　　产品核算统计表

	P1	P2	P3	P4	合计
数量	6	—	—	—	6
销售额	32	—	—	—	32
成本	12	—	—	—	12
毛利	20	—	—	—	20

3. 综合费用明细表。第 1 年综合费用明细表如表 5－4 所示。

表 5－4　　综合费用明细表

项目	金额（万元）	备注
管理费	4	
广告费	1	
维修费	4	
租　金	—	
转产费	—	
市场准入	—	□区域　□国内　□亚洲　□国际
ISO 资格认证	—	□ISO9000　□ISO14000
产品研发	—	P2（　）　P3（　）　P4（　）
其　他	—	损失
合　计	9	

4. 利润表。第 1 年利润表如表 5－5 所示。

表 5－5　　利润表　　单位：万元

序号	项目	上年数	本年数
1	销售收入	35	32
2	直接成本	－12	－12
3	毛利	23	20
4	综合费用	－11	－9
5	折旧前利润	12	11
6	折旧	－4	－4
7	支付利息前利润	8	7
8	财务收入/支出	－4	－4
9	其他收入/支出	—	—
10	税前利润	4	3
11	所得税	－1	－1
12	净利润	3	2

注：表中第 6 项折旧为 4 万元。因为该企业已经经营 3 年，根据表 3－5 生产线折旧规则，本年度按照生产线第 4 年的折旧额计算本年度的累积折旧额。3 条手工线和 1 条半自动线的折旧额合计 4 万元。

5. 资产负债表。第1年资产负债表如表5－6所示。

表5－6　　资产负债表　　单位：万元

资产	年初	本年	负债和所有者权益	年初	本年
现金	20	42	长期负债	40	40
应收款	15	—	短期负债	—	—
在制品	8	8	应付款	—	—
成品	6	6	应交税	1	1
原料	3	2	1年到期的长期贷款	—	—
流动资产合计	52	58	负债合计	41	41
土地和建筑	40	40	股东资本	50	50
机器设备	13	9	利润留存	11	14
在建工程	—	—	年度净利	3	2
固定资产合计	53	49	所有者权益合计	64	66
总资产	105	107	负债和所有者权益总计	105	107

六、第1年的经营小结

经过一年的保守经营，企业的经营效益并不太好。企业暴露出来的问题比较多，比如，市场的订单比较少，产品比较单一，生产效率也非常低。显然企业不能够安于现状，而是应该开拓市场，争取更多的市场订单；积极筹措资金，投入研发新产品；淘汰陈旧产能，投资建设更先进的生产线，不断提高生产效率。

第二节　第2年的经营

一、年初工作

由CEO组织企业的管理层召开新年度规划会议。企业管理层一致认为应该改变第1年保守经营的局面，要积极开拓市场、研发新产品、持续扩大产能，让公司的经营规模能够持续增长。管理层作出如下决定：

1. 公司对市场进行了分析，决定走专营线路，集中力量研发市场价值更高的P3产品，积极开拓区域、国内和亚洲3个市场。

2. 计划从第3年开始停止P1产品的生产，以生产P3产品为主。计划本年度开始研发P3。每季度下1个R1的原材料订单。

3. 从本年度第3季度开始启动建设一条全自动生产线。在本年末借入长期贷款60万元。从第4季度开始，手工线不再投料，停产等到第3年卖出。

4. 投入资金获取 ISO9000 认证以及 ISO14000 认证。

5. 广告投放以销售 P1 的存量为主，本地市场 P1，投入资金 1 万元。盘面扣减 1 万元现金，填写广告费 1 万元。假设本年度获得订单如表 5 - 7 所示。

表 5 - 7　　第 2 年市场订单

订单编号	年度	产品	区域	数量	价格	总计	账期	条件
B0002	2	P1	本地	1	6	6	4	无

支付上年度应付企业所得税 1 万元。盘面扣减 1 万元现金，填写税费 1 万元。

各季度工作及年末工作，操作方法不再赘述。

二、盘面信息

1. 从第 1 季度开始，4 条生产线满负荷生产 P1 产品。P3 产品研发需要 6 个周期。从第 1 季度开始研发 P3，将在第 3 年的第 2 季度完成研发。由于第 1 年度 P1 产品库存积压较为严重。在得到订单之后即可交付。确认账期为 4 期的应收账款。企业第 1 季度末，盘面如图 5 - 8 所示。

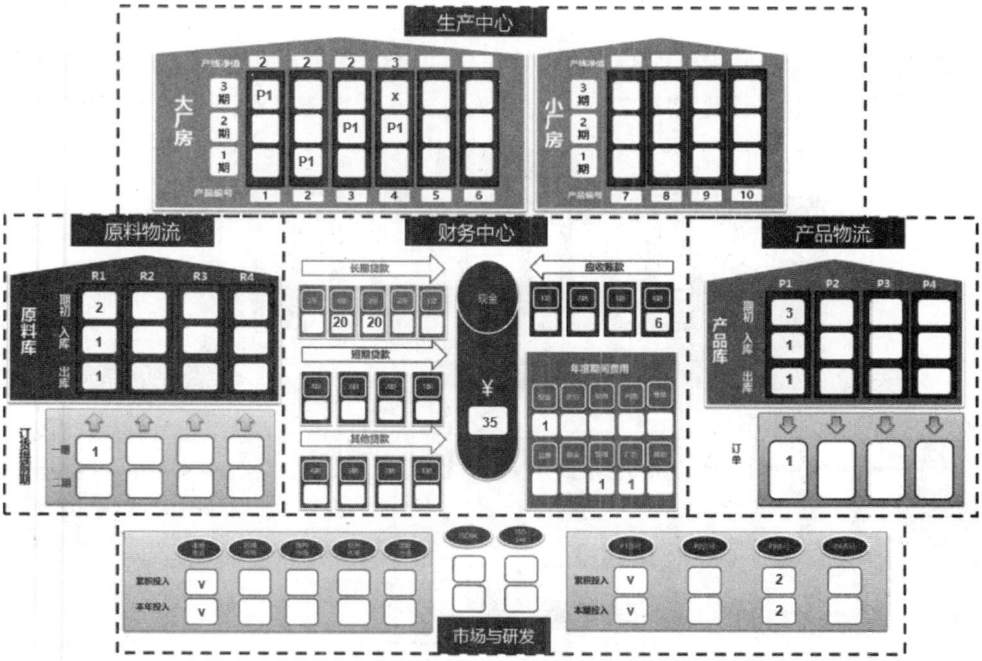

图 5 - 8　第 2 年第 1 季度盘面设置

2. 企业第 2 季度末盘面如图 5 - 9 所示。

3. 企业在第 3 季度开始投入建设 1 条全自动生产线。在盘面的 5 号生产线对应的生产线净值输入框，填写 4 万元，并在 1 期输入框中填写“B”，表示“在建”状态。

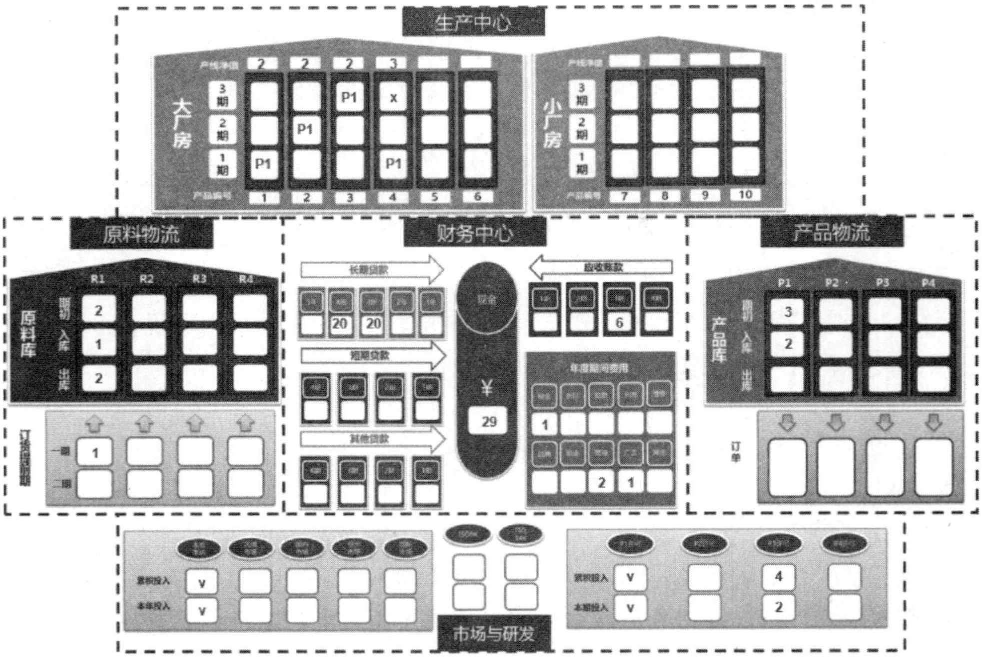

图 5-9　第 2 年第 2 季度盘面设置

全自动生产线建设需要 4 个周期，将在第 3 年的第 2 季度完成建设。在第 3 年的第 3 季度，刚好可以生产研发完成的 P3 产品。企业第 3 季度末，盘面如图 5-10 所示。

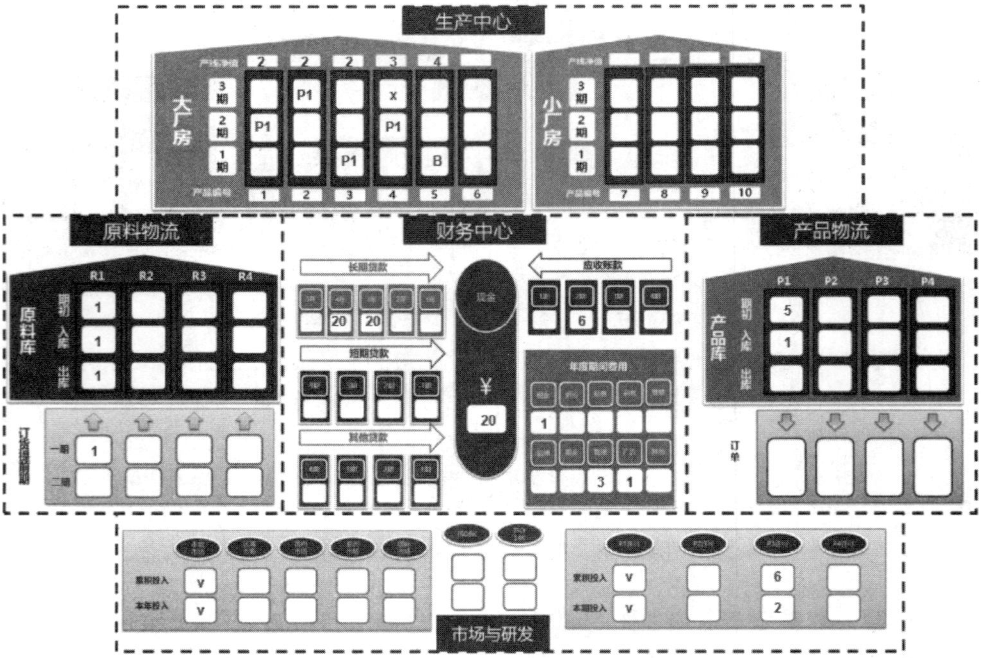

图 5-10　第 2 年第 3 季度盘面设置

4. 企业在第4季度，停产了2号手工生产线，待下一年度卖出，盘面上用“S”做标记，表示停产；借入60W长期贷款，用于下一年度的投资。年末盘面如图5-11所示。

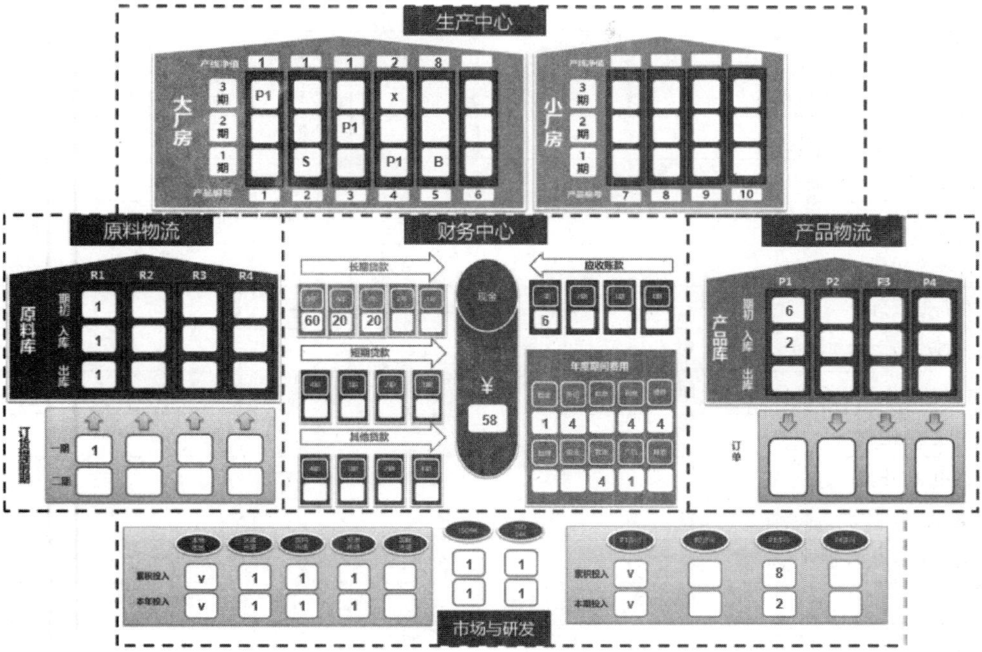

图5-11　第2年第4季度盘面设置

三、第2年的报表

1. 运营登记表。第2年运营登记表如表5-8所示。

表5-8　运营登记表

项目	1季度	2季度	3季度	4季度
新年度规划会议	√			
参加订货会/登记销售订单	-1			
制定新年度计划	√			
支付应付税	-1			
季初现金盘点（请填余额）	40	35	29	20
更新短期贷款/还本付息/申请短期贷款（高利贷）	×	×	×	×
更新应付款/归还应付款	×	×	×	×
原材料入库/更新原料订单	-1	-1	-1	-1
下原料订单	√	√	√	√
更新生产/完工入库	√	√	√	√

续表

项目	1 季度	2 季度	3 季度	4 季度
投资新生产线/变卖生产线/生产线转产	×	×	-4	-4
向其他企业购买原材料/出售原材料	×	×	×	×
开始下一批生产	-1	-2	-1	-1
更新应收款/应收款收现	×	×	×	×
出售厂房	×	×	×	×
向其他企业购买成品/出售成品	×	×	×	×
按订单交货	1 P1	×	×	×
产品研发投资	P3 -2	P3 -2	P3 -2	P3 -2
支付行政管理费	-1	-1	-1	-1
其他现金收支情况登记	×	×	×	×
支付利息/更新长期贷款/申请长期贷款				+60 -4
支付设备维护费				-4
支付租金/购买厂房				
计提折旧（括号标注：非现金减项）				(-4)
新市场开拓/ISO 资格认证投资				-5
结账				√
现金收入合计	0	0	0	60
现金支出合计	-5	-6	-9	-22
期末现金对账（请填余额）	35	29	20	58

2. 产品核算统计表。第 2 年产品核算统计表如表 5-9 所示。

表 5-9　　产品核算统计表

	P1	P2	P3	P4	合计
数量	1	—	—	—	1
销售额	6	—	—	—	6
成本	2	—	—	—	2
毛利	4	—	—	—	4

3. 综合费用明细表。第 2 年综合费用明细表如表 5-10 所示。

表 5-10　　综合费用明细表

项目	金额（万元）	备注
管理费	4	
广告费	1	
维修费	4	

续表

项目	金额（万元）	备注
租　金	—	
转产费	—	
市场准入	3	■区域　■国内 ■亚洲　□国际
ISO资格认证	2	■ISO9000　■ISO14000
产品研发	8	P2（　）　P3（√　）　P4（　）
其　他	—	
合　计	22	

4. 利润表。第2年利润表如表5－11所示。

表5－11　**利润表**　单位：万元

序号	项目	上年数	本年数
1	销售收入	32	6
2	直接成本	－12	－2
3	毛利	20	4
4	综合费用	－9	－22
5	折旧前利润	11	－18
6	折旧	－4	－4
7	支付利息前利润	7	－22
8	财务收入/支出	－4	－4
9	其他收入/支出	—	—
10	税前利润	3	－26
11	所得税	－1	—
12	净利润	2	－26

注：根据表3－5生产线折旧规则，本年度按照生产线第5年的折旧额计算本年度的累积折旧额，3条手工线和1条半自动线的折旧额合计4万元。4条生产线的折旧已全部计提完毕，以后年度不需要计提折旧，但可以继续使用。

5. 资产负债表。第2年资产负债表如表5－12所示。

表5－12　**资产负债表**　单位：万元

资产	年初数	本年数	负债和所有者权益	年初数	本年数
现金	42	58	长期负债	40	100
应收款	—	6	短期负债	—	—
在制品	8	6	应付款	—	—
成品	6	16	应交税	1	—

续表

资产	年初数	本年数	负债和所有者权益	年初数	本年数
原料	2	1	1 年到期的长期贷款	—	—
流动资产合计	58	87	负债合计	41	100
土地和建筑	40	40	股东资本	50	50
机器设备	9	5	利润留存	14	16
在建工程	—	8	年度净利	2	-26
固定资产合计	49	53	所有者权益合计	66	40
总资产	107	140	负债和所有者权益总计	107	140

注：资产负债表中的期末利润留存数 16W 为期初利润留存数 14W 加期初年度净利润 2W 得出。

第三节　第 3 年的经营

一、年初工作

由 CEO 组织企业的高管召开新年度规划会议。企业管理层延续第 2 年的经营战略。管理层作出如下决定。

1. 公司决定继续走专营线路，通过“去库存”逐步退出 P1 产品市场，过渡到生产 P3 产品为主。积极开拓国内和亚洲市场。

2. 投入资金获取 ISO9000 认证以及 ISO14000 认证。

3. 在第 1 季度卖掉两条手工线。在第 2 季度卖掉一条手工线。

4. 第 1 季度投建两条全自动生产线，在第 2 年已建投建的全自动生产线，在第 3 年的第 3 季度开始上线生产 P3。

5. 本年度对资金的需求量较大，在第 4 季度借入 40W 短期借款。

6. 广告投放力度加大，本地市场 P1 产品投入资金 1W；区域市场 P1 产品投入资金 3W；区域市场 P3 产品投入资金 1W，广告费投入总计 5W。盘面扣减 5W 现金，填写广告费 5W。假设本年度获得订单如表 5-13 所示。

表 5-13　　第 3 年市场订单

订单编号	年度	产品	区域	数量	价格	总计	账期	条件
B0002	3	P1	本地	1	5	5	0	无
B0003	3	P1	区域	2	5	10	2	无
B0004	3	P3	区域	1	8	8	3	无

各季度工作及年末工作，操作方法不再赘述。

二、盘面信息

1. 第1季度有两条手工线停产，直接卖掉得到残值2万元，加计现金。同时投资两条全自动生产线，在盘面的产线净值输入框，各填写4万元，并在1期输入框中填写“B”，表示“在建”状态。P3产品的BOM是由两个R2原料和一个R3原料组成的，R2原料的采购提前期是1期，R3原材料的采购提前期是2期，所以第1季度就需要下R3的原料订单。R1原材料库存可以满足生产P1的需要，为了减少采购资金占用，从本期开始暂时不下R1采购订单。长期贷款的金额标签整体向右移动一格，值得注意的是，第2年末借入的60万元长期贷款在第3年初未满1年，不需要移动。企业第1季度末，盘面如图5－12所示。

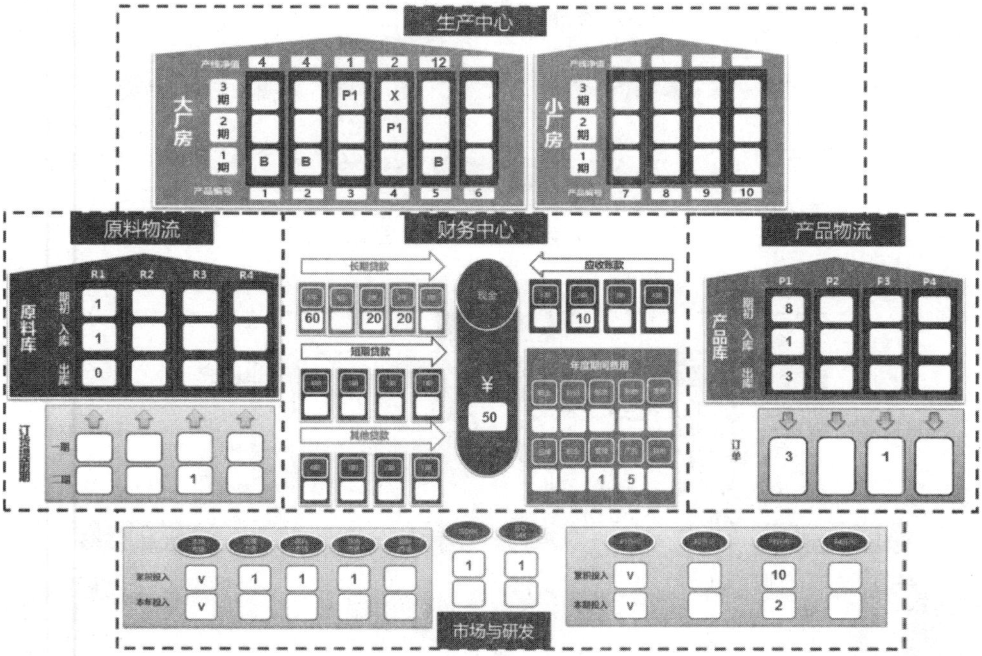

图5－12　第3年第1季度盘面设置

2. 在第2季度有一条手工生产线停产，直接卖掉得到残值1万元。本期需要下两个R2的原料订单。企业第2季度末，盘面如图5－13所示。

3. 企业第3季度末盘面如图5－14所示。

4. 企业在第4季度，P3即可交付订单，登记8万元的应收账款。年末盘面如图5－15所示。

三、第3年的报表

1. 运营登记表。第3年运营登记表如表5－14所示。

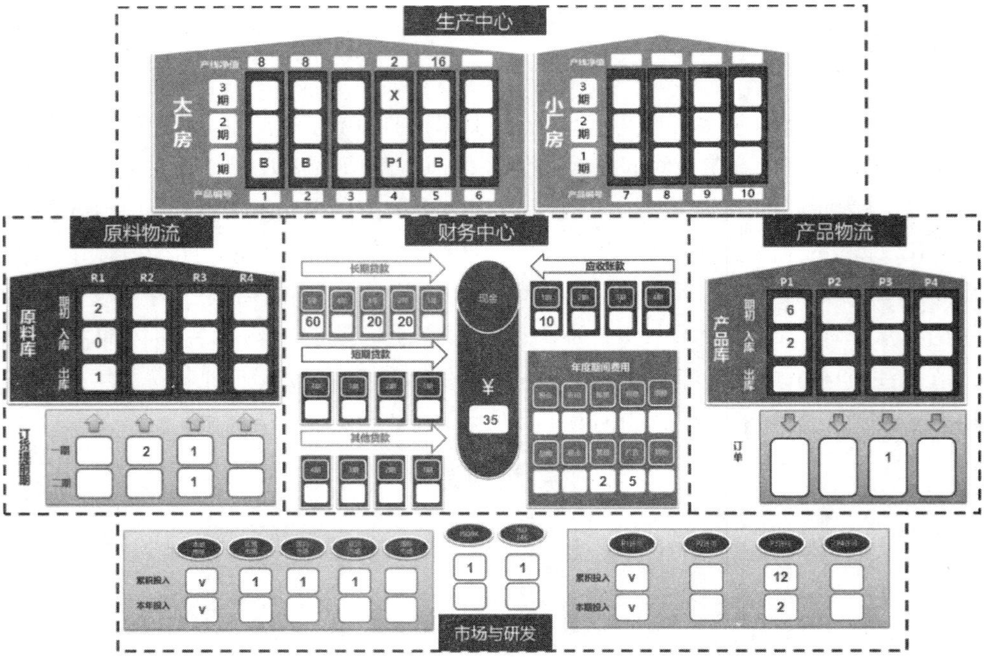

图 5－13　第 3 年第 2 季度盘面设置

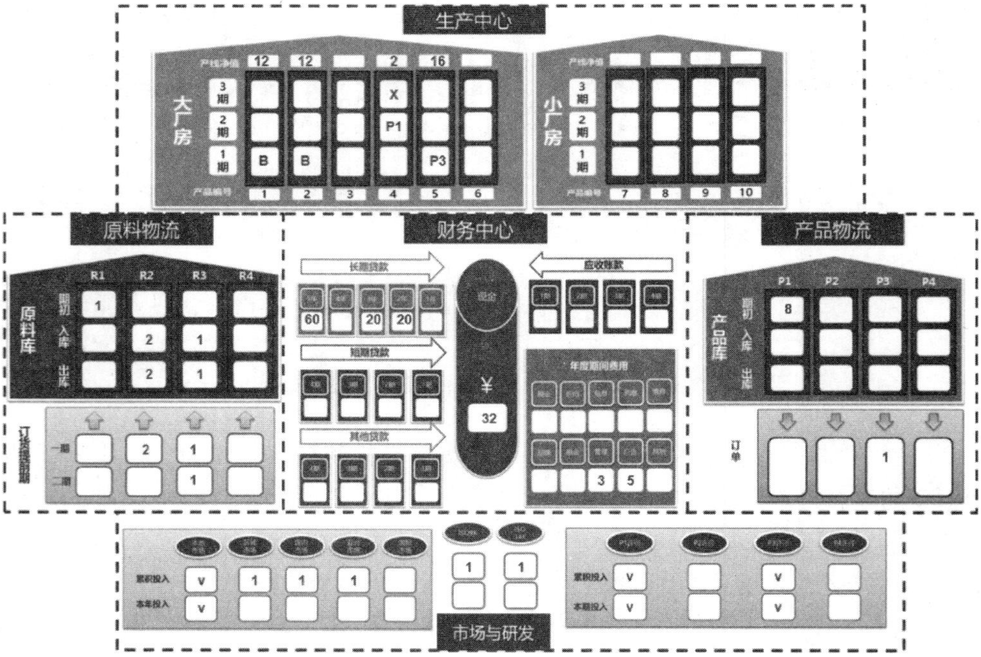

图 5－14　第 3 年第 3 季度盘面设置

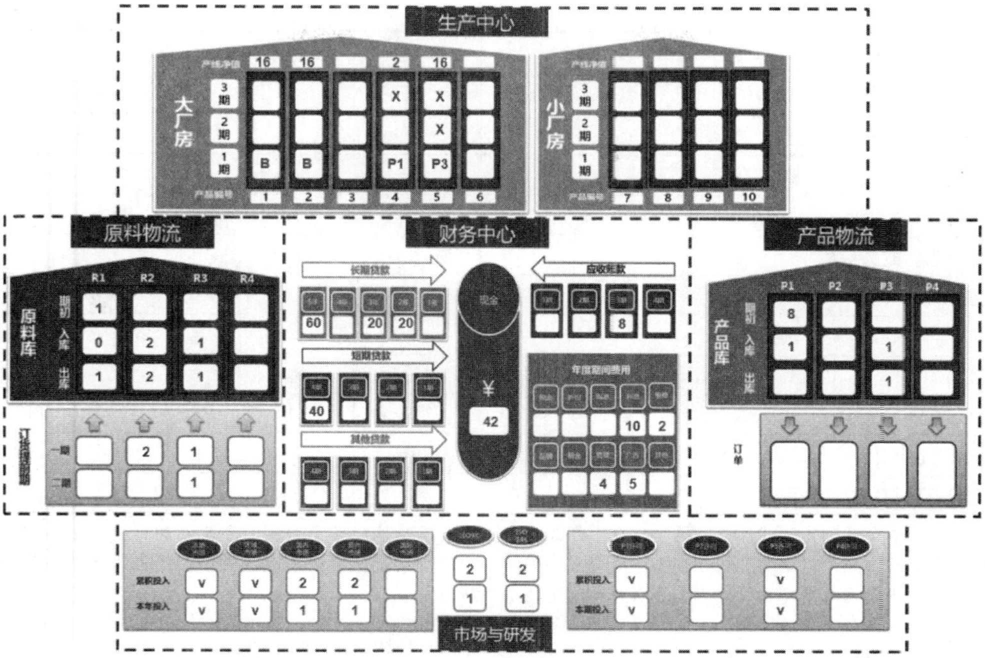

图 5－15 第 3 年第 4 季度盘面设置

表 5－14 运营登记表

项目	1 季度	2 季度	3 季度	4 季度
新年度规划会议	√			
参加订货会/登记销售订单	－5			
制定新年度计划	√			
支付应付税	×			
季初现金盘点（请填余额）	53	50	35	32
更新短期贷款/还本付息/申请短期贷款（高利贷）	×	×	×	40
更新应付款/归还应付款	×	×	×	×
原材料入库/更新原料订单	－1	×	－3	－3
下原料订单	√	√	√	√
更新生产/完工入库	√	√	√	√
投资新生产线/变卖生产线/生产线转产	(－12) ＋2	(－12) ＋1	－8	－8
向其他企业购买原材料/出售原材料	×	×	×	×
开始下一批生产	×	－1	－1	－2
更新应收款/应收款收现	6＋5	×	10	×
出售厂房	×	×	×	×
向其他企业购买成品/出售成品	×	×	×	×
按订单交货	3P1	×	×	1P3
产品研发投资	P3 －2	P3 －2	×	×

续表

项目	1季度	2季度	3季度	4季度
支付行政管理费	-1	-1	-1	-1
其他现金收支情况登记	×	×	×	×
支付利息/更新长期贷款/申请长期贷款				-10
支付设备维护费				-2
支付租金/购买厂房				×
计提折旧				(0)
新市场开拓/ISO资格认证投资				-4
结账				√
现金收入合计	13	1	10	40
现金支出合计	-16	-16	-13	-30
期末现金对账（请填余额）	50	35	32	42

注：当前企业的生产线包括一条半自动生产线，应计提折旧金额已全部计提，不需要再计提折旧并且可以继续使用。另一条全自动生产线在本年建成投入使用，按照规则约定，本年新建成的已投产的生产线不计提折旧，从投入生产的次年开始计提折旧。因此，本年度折旧额为0。

2. 产品核算统计表。第3年产品核算统计表如表5-15所示。

表5-15　　产品核算统计表　　金额单位：万元

	P1	P2	P3	P4	合计
数量	3	—	1	—	4
销售额	15	—	8	—	23
成本	6	—	4	—	10
毛利	9	—	4	—	13

3. 综合费用明细表。第3年综合费用明细表如表5-16所示。

表5-16　　综合费用明细表

项目	金额（万元）	备注
管理费	4	
广告费	5	
维修费	2	
租　金	—	
转产费	—	
市场准入	2	□区域　■国内　■亚洲　□国际
ISO资格认证	2	■ISO9000　■ISO14000
产品研发	4	P2（　）　P3（√）　P4（　）
其　他	—	损失
合　计	19	

4. 利润表。第 3 年利润表如表 5－17 所示。

表 5－17　　**利润表**　　单位：万元

序号	项目	上年数	本年数
1	销售收入	6	23
2	直接成本	－2	－10
3	毛利	4	13
4	综合费用	－22	－19
5	折旧前利润	－18	－6
6	折旧	－4	—
7	支付利息前利润	－22	－6
8	财务收入/支出	－4	－10
9	其他收入/支出	—	—
10	税前利润	－26	－16
11	所得税	—	—
12	净利润	－26	－16

注：表中的第 9 行“其他收入/支出”为零。按照规则约定，在出售生产线时，净值高于残值时，将高于残值部分金额计入“其他收入/支出”。本年度卖出的 3 条手工生产线都已计提折旧完毕，收回残值只会增加相应金额的现金，不需要在利润表中体现。

5. 资产负债表。第 3 年资产负债表如表 5－18 所示。

表 5－18　　**资产负债表**　　单位：万元

资产	年初数	本年数	负债和所有者权益	年初数	本年数
现金	58	42	长期负债	100	80
应收款	6	8	短期负债	—	40
在制品	6	6	应付款	—	—
成品	16	18	应交税	—	—
原料	1	—	1 年到期的长期贷款	—	20
流动资产合计	87	77	负债合计	100	140
土地和建筑	40	40	股东资本	50	50
机器设备	5	18	利润留存	16	－10
在建工程	8	32	年度净利	－26	－16
固定资产合计	53	90	所有者权益合计	40	24
总资产	140	164	负债和所有者权益总计	140	164

四、第 3 年的经营小结

经过第 2 年和第 3 年的积极经营，企业的经营状况发生显著变化。手工生产线处理及时，新建了 3 条全自动线，生产能力得到提高。半自动生产线可以在未来的经营中灵活应对市场需求的变化，可继续生产 P1 或转产 P3。通过长期贷款、短期借款的组合融资，企业获取了大量的资金，用于市场开拓及 ISO 认证。整体来看，企业呈现出积极扩张、快速发展的态势。

第六章　模拟经营分析

第一节　企业环境分析

在制定企业战略时，要充分考虑企业所处的环境，对企业环境进行认真分析。总结企业的发展经验与研究结果表明，企业外部环境对企业战略行为有着重大的影响，而企业内部环境则是企业制定战略的出发点、依据和条件，是竞争取胜的根本。

（一）企业外部环境

企业面临着一个越来越复杂的全球化外部环境，这些外部环境条件给企业带来机遇和挑战。对企业外部环境的分析主要包括宏观环境分析和行业环境分析。宏观环境非常复杂，在对其进行分析时，一般主要从政治、法律、经济、社会、科技等各种方面分别进行调查研究分析。对企业的行业环境分析，需要从行业总体形势、行业生命周期、行业经济结构、行业竞争形势等方面加以分析。

在进行竞争性ERP模拟经营之前，任课老师会提供一份全面、翔实的市场预测报告。市场预测报告会给出不同年份不同产品在不同市场的销售均价（如图6－1所示）、市场需求量（如图6－2所示）。

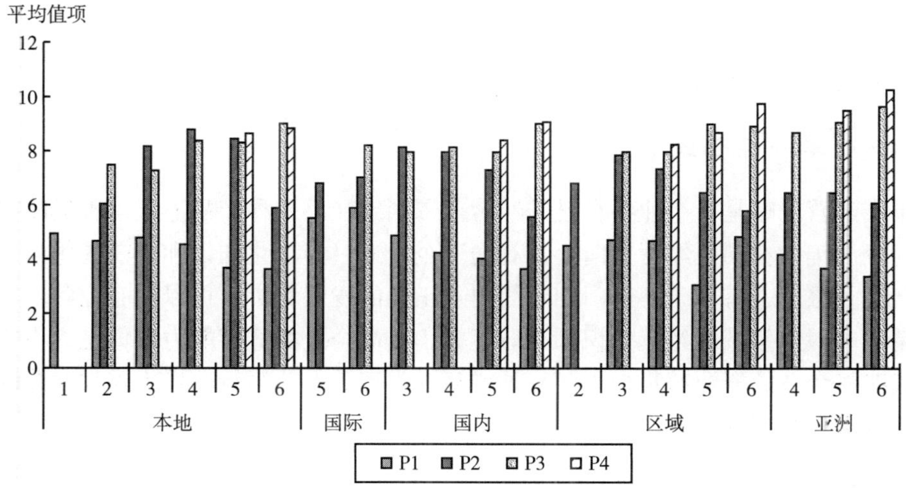

图6－1　市场销售均价趋势

注：单价的趋势图来自附录中8. 市场订单数据表。

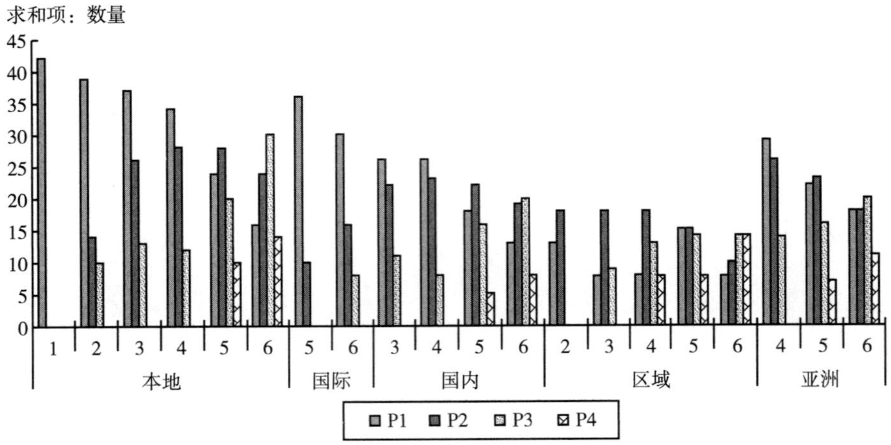

图6-2　市场销售需求数量趋势

注：需求量的趋势图来自附录中8. 市场订单数据表。

在制定企业发展战略之前，需要对市场预测信息进行分析。可以通过波士顿矩阵分析法，对不同产品的发展趋势进行分析，并按照各产品的研发周期和费用投入来决策如何投资新的产品研发。

（二）企业内部环境

企业内部环境或条件分析的目的在于掌握企业过去的和目前的状况，明确企业所具有的优势和劣势。企业内部环境分析的内容包括诸多方面，如企业资源分析、企业产能分析和企业财务分析等。

第二节　企业总体战略

一般来说，企业总体战略主要有以下几种。

（一）单一经营战略

单一经营战略是指企业将自己的经营范围限定在某一种产品上。这种战略把企业有限的资源集中在同一经营方向上，有助于企业通过专业化知识和技能提供满意且有效的产品及服务，有利于各部门制定简明、正确的发展目标，可以使企业各层管理者集中精力掌握该领域的经营知识和有效经验，提高企业的经营能力。但是，由于单一经营战略将企业的资源都集中于某一种或某一类产品上，当行业发生重大变化时，会面临企业难以维持的风险。

（二）多元化战略

多元化战略是指企业通过将开发新产品与开拓市场相配合来扩大经营范围的战

略。这种战略一般适用于那些规模大、资金雄厚、市场开拓能力强的企业。其作用主要是分散风险和有效地利用企业的经营资源。实施多元化战略不仅可以使企业挖掘现有资源潜力、节约成本、增加利润和分散风险，而且能把企业原有的经验运用到新的领域，通过资源共享和经营匹配，迅速建立起比单一经营企业更强的竞争优势，获得更多的利润。但是实施多元化战略也存在一定风险，比如企业的运营成本提高，领域人才资源需求量很大，管理成本很高，有限的资源过于分散，容易造成核心竞争力的弱化。

（三）国际化战略

国际化战略是指实力雄厚的大企业把生产经营的方向指向国际市场，从而推动企业进一步发展的战略。实施集团化战略的企业常用的方式有商品输出和建立跨国公司两种。从国际上看，商品输出往往是企业国际化的起点，由于实施跨国经营会面临各种关税和非关税壁垒，因此一些资金雄厚、生产技术和经营能力强的企业，在开拓并占领了国外市场后，常常会在海外国际市场建立独资和合资企业，以充分利用当地政府的各种优惠政策，绕过所在国的贸易壁垒，降低生产和营销成本，强化竞争能力。

在 ERP 模拟经营过程中，产品的研发和市场的拓展都是需要时间的。当企业的总体战略确定之后，就需要提前布局相关产品的研发和市场的开拓。

第三节　企业营销战略

企业要生存、要发展，必须研究市场并占领目标市场。因此，市场营销战略是必不可少的。在企业经营管理过程中，市场营销战略是形成企业战略计划的基本条件。市场营销战略的内容主要包括目标市场战略、市场竞争战略。

一、目标市场战略

目标市场战略是指在市场细分基础上所确定的最佳细分市场，即企业所确定的以相应的产品满足其需求、为其服务的某个消费者群，它是企业所确定的营销服务对象。

1. 无差异市场营销战略。无差异市场营销是指企业在市场细分之后，不考虑各子市场的特性，而只注重子市场的共性，从而决定只推出单一产品，运用单一的市场营销组合，力求在一定程度上满足尽可能多的顾客需求。这种战略下的产品品牌、规格、款式统一，有利于企业实现产品的标准化与大规模生产，有利于降低企业的生产、存货、运输、研究、促销等成本费用。

2. 差异市场营销战略。差异市场营销是指企业决定同时为几个子市场服务，设计不同的产品，并在渠道、促销和定价方面进行不同的组合，以适合各个子市场的需求。差异市场营销最大的优点在于能够全面满足消费者的不同需求。在激烈的竞争中，由于营销组合手段的多样化，有利于保持企业的市场占有率。但采用这种战略，会造成企业的成本较高，而且受到企业资源和经济实力的限制。

3. 集中市场营销战略。集中市场营销是指企业集中企业的全部力量，以一个或少数几个性质相似的子市场作为目标市场，试图在较少的子市场上获得较大的市场占有率。集中市场营销可准确地了解消费者的需求，有针对性地开展营销工作，且营销的各项成本较低。但这种战略的风险性较大，易受竞争的冲击。

在 ERP 模拟经营过程中，目标市场策略主要体现在广告投放环节。在制定广告投放计划时，一定要多分析市场预测表。企业广告费投入金额一定要适当。广告费投入要考虑四个因素：

（1）产量。投放广告的目的是获取订单，必须考虑企业的生产能力。当年度产量有限时，广告投放所获取的市场订单交货量应与产量相匹配。

（2）市场需求量。需求量大的市场，少投入广告至少能得到数量可观的订单；需求量小的市场，要多投入广告才能得到订单，否则有时会一无所获。

（3）是否争“市场老大”的问题。在没有“市场老大”的市场，为争夺“市场老大”，模拟企业的广告费投入较多，反之较少。在有“市场老大”的市场，若需要抢夺“市场老大”，则需要多投入广告。

（4）预测其他企业的广告投放量，作为本企业投放广告的参考值。

二、市场竞争战略

每个企业都要依据自己的目标、资源、环境以及在目标市场上的地位，来制定市场竞争战略。按照企业在目标市场上所起的作用，可以将企业分为以下三种类型：市场领导者、市场挑战者、市场追随者。

1. 市场领导者。市场领导者是指在相关产品的市场上占有率最高的企业。一般来说，大多数行业都有一家企业被公认为市场领导者，它在企业营销组合的各个方面都处于主导地位，是市场竞争的领导者，也是竞争者挑战、效仿或回避的对象。

2. 市场挑战者。在行业中名列第二、第三名等次要地位的企业称为亚军企业或者追赶企业。这些亚军企业对待当前的竞争情势有两种态度：一种是向市场领导者和其他竞争者发动进攻，以夺取更多的市场占有率，这时他们可称为市场挑战者；另一种是维持现状，避免与市场领导者和其他竞争者引发争端，这时他们称为市场追随者。

3. 市场跟随者。市场跟随者往往宁愿追随领导者，也不愿对领导者贸然发动攻击。市场跟随者的主要策略应该是专心致力于市场中被大企业忽略的某些细分市场，更好地维持现有顾客，并争取一定数额的新顾客，设法建立自身的独特优势，不能单纯模仿领导者，尽力降低成本。

在模拟推演过程中，每一年都会有一个新的市场开放出来。每个企业都存在着争夺市场领导者的决策问题。在是否争取市场领导者的时候需要根据实际情况去动态判断。当有多个企业在争夺某一特定市场和特定产品的市场领导者时，最终只有一个胜利者。对于胜利者而言，付出了巨大的代价，并且在以后的经营年度中还存在着要保持领导者地位的问题。其他企业竞争失败也会浪费巨额的资金，影响后期的发展。所以ERP模拟经营推演过程中应尽量寻找“市场蓝海”，避免在某个特定市场过度竞争。

第四节　企业财务战略

企业财务战略是确保企业具备足够财务能力的关键，而财务能力又是企业战略目标能够有效实施的根本保证，因此，在企业战略管理中，企业财务战略具有重要的地位。只有及时地对企业的财务能力进行分析，掌握企业的财务状况，才能有效地实施企业战略。

一、筹资战略

企业筹资就是根据生产经营、对外投资及调整资金结构等对资金的需要，通过一定的渠道，采取适当的方式，获取所需资金的一种行为。企业筹资决策的关键是决定各种资金来源在资金总额中所占的比重，即确定资本结构，以使筹资风险和筹资成本相配合。

1. 权益资金和借入资金。权益资金是指企业股东提供的资金。它不需要归还，筹资的风险小，但其期望的报酬率高。

借入资金是指债权人提供的资金。它需按期归还，有一定的风险，但其要求的报酬率比权益资金低。

权益资金和借入资金的比例关系我们称为“资本结构”。一般来说，完全通过权益资金经营是不明智的，因为企业不能得到负债经营的好处；但负债的比例大则风险也大，企业随时可能陷入财务危机。

2. 长期资金和短期资金。长期资金是指企业可长期使用的资金，包括权益资金和长期负债。权益资金不需要归还，企业可以长期使用，属于长期资金。此外，长期借款也属于长期资金。有时，习惯把一年以上至五年以内的借款称为中期资金，而把五年以上的借款称为长期资金。

短期资金一般是指一年内要归还的短期借款。一般来说，短期资金的筹集应主要解决临时的资金需要。例如，在生产经营旺季需要的资金比较多，可借入短期借款，度过生产经营旺季则归还。长期资金和短期资金的筹资速度、筹资成本、筹资风险以及借款时企业所受的限制均有所区别。如何安排长期和短期筹资的相对比重，是筹资决策需要解决的。以第三章给出的经营规则为例，不同的融资方式对应的融资成本如表6－1所示。

表 6-1　　融资成本计算表

融资类型	折算利息（%）	计算说明
长期贷款	10	
短期借款	5	
高利贷	20	每季度 5%
应收贴现	16.7	1/6
变卖大厂房	12.5	5/40
变卖大厂房再贴现	29.2	1/6 + 5/40

二、资金运用

企业筹集到资金后，要将资金进行有效运用。有效的资金运用，既可避免因企业出现资金不足而影响企业生产经营，又能够有效地利用企业的闲置资金，降低企业的资金成本，提高资金的利用效率。

1. 现金的重要性。如果一家企业的现金总是入不敷出，经营活动就会受到制约。企业不一定因为亏损而倒闭，但有可能由于现金流枯竭而破产。要维持企业的长期生存，一个重要的因素是要看企业管理者能否作出有效决策以得到足够的现金，创造利润自然有利于生成现金，但值得注意的是，只有那些能迅速变现的利润才是真正有意义的。因为不论偿还债务还是纳税，需要的都是现金，而不是利润。同时还需要注意到另一个极端，即资金过剩，闲置不用同样会造成资源的浪费。

既然现金如此重要，解决的办法是开源节流，精打细算。财务总监要进行严格的现金管理。可在每年拿到订单之后编制现金预算表。

2. 现金管理的目标。

（1）必须持有足够的现金以便支付各种业务往来；

（2）将闲置的现金减少到最低限度；

（3）在资金短缺时，用最少的代价筹集到所用资金。

要注意资金的时间价值，起初的 1 万元相当于后期经营的 2 万 ~4 万元，因此，对起初资金尤其要精打细算。

3. 借贷问题。在模拟经营时有些参训者不借贷款，自力更生，以避免利息费用的发生，但往往最后效果不佳。从财务管理理论视角，适当利用财务杠杆，可以增加股东权益回报。

第五节　生产管理战略

一、投资生产线

不同类型生产线的区别在于生产效率和灵活性。生产效率是指单位时间内产出的产品数量。灵活性是指产品转产生产其他产品时需要调整的成本和时间。生产线规则如表 6－2 所示。

表 6－2　　**生产线规则**　　金额单位：万元

生产线	购置费	安装周期	每期投资	生产周期	总转产费	转产周期
手工线	5	0	5	3	0	0
半自动	8	2	4	2	1	1
全自动	16	4	4	1	4	2
柔性线	24	4	6	1	0	0

从表 6－2 设定的规则可以分析得出以下结果：

1. 产能较高的是全自动生产线和柔性生产线，但是这两类生产线的购买价格都比较高。

2. 半自动生产线的优点是价格低，但产能不如全自动生产线，灵活性不如柔性生产线。

3. 手工线的生产效率最低。往往在新建生产线时不予考虑。但是现有的 3 条手工线却可以加以利用。因为从产能上看，3 条手工生产线可以看作 1 条柔性生产线。

二、投资回收期

用新投资的柔性生产线生产 P1 产品，合理吗？在进行生产线投资抉择时，往往会遇到此类问题。依照模拟经营规则，我们可以从设备的投资回收期来分析。表 6－3 是用各种设备生产不同产品的投资回收计算表。基本计算公式如下：

毛利＝(预计单价－单位成本)×产出数量

回收期＝投入资金÷(毛利－维修费)＋安装时间

表 6－3　　**投资回收期计算表**

生产线	产品	投入（万元）	安装时间（年）	产出数量（个）/年	预计单价（万元）	单位成本	毛利（万元）	维修费（万元）	回收期（期）
手工线	P1	5	0	1	4.39	2	2.39	1	3.60
半自动	P1	8	0.5	2	4.39	2	4.78	1	2.62
全自动	P1	16	1	4	4.39	2	9.56	1	2.87
柔性线	P1	24	1	4	4.39	2	9.56	1	3.80
手工线	P2	5	0	1	7.05	3	4.05	1	1.64
半自动	P2	8	0.5	2	7.05	3	8.1	1	1.63
全自动	P2	16	1	4	7.05	3	16.2	1	2.05
柔性线	P2	24	1	4	7.05	3	16.2	1	2.58

续表

生产线	产品	投入（万元）	安装时间（年）	产出数量（个）/年	预计单价（万元）	单位成本	毛利（万元）	维修费（万元）	回收期（期）
手工线	P3	5	0	1	8.44	4	4.44	1	1.45
半自动	P3	8	0.5	2	8.44	4	8.88	1	1.52
全自动	P3	16	1	4	8.44	4	17.76	1	1.95
柔性线	P3	24	1	4	8.44	4	17.76	1	2.43
手工线	P4	5	0	1	9.08	5	4.08	1	1.62
半自动	P4	8	0.5	2	9.08	5	8.16	1	1.62
全自动	P4	16	1	4	9.08	5	16.32	1	2.04
柔性线	P4	24	1	4	9.08	5	16.32	1	2.57

从表 6－3 的分析可以看出，用柔性生产线生产所有产品投资回收期和全自动、半自动生产线的投资回收期相比，都显得稍长一些。所以，在特定的市场环境下，投资最先进的柔性生产线，不一定是最优选择，需要根据具体情况分析选择。

三、产能规模预测

产能要达到多少才算合适？或者说每年需要产出多少个单位的产品？这也是一个重要的问题。产能是由生产线的条数和类型决定的。可以根据市场预测报告提供的每年各产品需求量来考虑。表 6－4 是根据每种产品的各年需求量编制的统计表，表中数据根据图 6－2 市场销售需求数量趋势图中数据整理而成。

表 6－4　　产能规模测算表　　单位：个

产品	年度					
	第 1 年	第 2 年	第 3 年	第 4 年	第 5 年	第 6 年
P1	42	52	71	97	115	85
P2	—	32	66	95	98	87
P3	—	10	33	47	66	92
P4	—	—	—	8	30	47
产品总需求量	42	94	170	247	309	311
平均需求量	4	8	14	21	26	26

产量的设置可参考表中的每年度产品总需求量，假设按 12 家企业参与竞争，将平均需求量分配到每个企业即是企业必须达到的年度产能。如果参与竞争的企业，在实际推演中占有较好的市场份额，产能设置可以高于这组数据。如果参与竞争的企业在实际推演中占有的市场份额不足，则需要考虑调低产能规模。

第六节　企业经营绩效评价

企业财务效益评价是指以财务报表和其他资料为依据和起点，采用专门的方法，系统分析和评价企业过去和现在的经营成果、财务状况及其变动情况，目的是了解过去、评价现在、预测未来和辅助决策。企业财务战略效益评估主要包括以下几方面的指标分析。

一、偿债能力分析

1. 短期偿债能力分析。短期偿债能力就是企业流动资产对流动负债及时足额偿还的保障能力，它是衡量企业当前财务实力，特别是流动资产变现能力的重要标志。企业一般用流动资产还债，不可能把固定资产变卖还债，除非企业要进行非持续经营。

（1）流动比率。流动比率是流动资产总额与流动负债总额的比率。其计算公式为：

流动比率 = 流动资产总额 ÷ 流动负债总额

企业的流动资产不断变现，流动负债不断到期，该比例越大，说明企业的短期偿债能力越强。对于债权人而言，为保证自己的利益，往往会对企业的流动比率有一定要求，甚至可能签订协议，以免企业破产、债权人遭受损失。对企业而言，经营者要求流动比率太高或太低都不好。若该比率太高，说明企业的流动资产使用效率低；若太低，则会使债权人对企业的信心不足，企业会筹措不到资金。一般来说，制造企业的流动比率为 2 比较合适，商品流通企业大于 2 也属于正常。

（2）速动比率。速动比率也称酸性测试比率，是指在流动资产总额中扣除存货项目后的余额与流动负债总额的比率。其计算公式为：

速动比率 =（流动资产总额 − 存货）÷ 流动负债总额

该比率比流动比率更能说明企业的短期偿债能力。因为企业的存货在流动资产中所占的比率较大，在流动资产中，存货的变现能力最弱，所以剔除存货等变现能力弱的因素，这样的测试就更加严格，该指标的分析同流动比率。

2. 长期偿债能力分析。

（1）资产负债率。资产负债率是企业负债总额与资产的比率。它表明企业资产总额中，债权人提供资金所占的比重，以及企业资产对债权人权益的保障程度。其计算公式为：

资产负债率 = 负债总额 ÷ 资产总额

对于债权人而言，该指标越低，债权人越有保障。对于所有人而言，股东往往用于其投资收益率（资产经营率）与借债利息进行比较来作判断，若前者大于后者，则资产负债率大些好，这说明企业管理有方，能充分利用财务杠杆来增加企业的获利能力。但是该指标过大，则企业可能要承担较大的偿债压力。

（2）产权比率。产权比率是指负债总额与所有者权益总额的比率，是企业财务结构稳健与否的重要标志，也称资本负债率。其计算公式：

产权比率 = 负债总额 ÷ 所有者权益总额

对债权人来讲，该比率越低，借款越有保障。

（3）有形净值负债率。有形净值负债率是企业负债总额与有形净值的比率。有形净值是所有者权益总额中减去无形资产净值后的净值。其计算公式为：

有形净值负债率 = 负债总额 ÷（所有者权益总额 − 无形资产净值）

有形净值负债率指标实质上是产权比率的延伸，它更为谨慎、保守地反映在企业清算时债权人投入资本受到所有者权益保障的程度。从长期偿债能力来讲，该比率越低越好。所谓谨慎和保守，是因为该指标不考虑无形资产的价值，因为无形资产的偿债能力在实际中有时无法确定。

（4）利息保障倍数（已获利息倍数）。利息保障倍数指标反映企业息税前利润为所需支付的债务利息的倍数。其计算公式为：

利息保障倍数 =（利润总额 + 利息费用）÷ 利息费用

只要已获利息倍数足够大，就有充足的能力偿付利息，否则相反。

二、营运能力分析

营运能力是指企业对于外部市场环境的约束，通过内部人力资源和生产资料的配置组合而对财务战略所产生作用的大小进行分析的指标体系。常见的有应收账款周转速度、存货周转速度、流动资产周转率、总资产周转率等。

1. 应收账款周转速度。企业应收账款周转速度的指标包括应收账款周转率和应收账款周转天数。其计算公式为：

应收账款周转率（次数）= 销售净额 ÷ 平均应收账款

应收账款周转天数 = 360 ÷ 应收账款周转率 = 平均应收账款 ×360 ÷ 销售净额

一般来说，应收款周转率越高，表明收账越迅速，账龄越短，资产流动性越强，短期偿债能力越强，可减少收账费用和坏账损失。应收账款周转天数说明应收账款回收的天数，该指标越短越好。

2. 存货周转速度。企业存货周转速度的指标包括存货周转率和存货周转天数。其计算公式：

存货周转率（次数）= 销货成本 ÷ 平均存货

存货周转天数 = 360 ÷ 存货周转率 = 平均存货 ×360 ÷ 销售成本

一般来说，存货周转速度越快，存货的占用水平越低，流动性越强，存货转换为现金、应收账款的速度越快。提高存货周转率可以提高企业的变现能力，而存货周转速度越慢则变现能力越差。因此，存货周转率（次数）越大越好，而存货周转天数则越少越好。

3. 流动资产周转率。流动资产周转率是销售净额与流动资产的平均余额的比值。其计算公式为：

流动资产周转率 = 销售净额 ÷ 平均流动资产

流动资产周转率反映流动资产的周转速度。周转速度快，会相对节约流动资产，等于相对扩大资产投入，增强企业盈利能力。而延缓周转速度，则需要补充流动资产参加周转，会形成资金浪费，降低企业盈利能力。

4. 总资产周转率。总资产周转率是销售净额与平均资产总额的比值。其计算公式为：

总资产周转率 = 销售净额 ÷ 平均资产总额

总资产周转率越高，周转越快，反映销售能力越强。企业可以通过薄利多销的办法，加强资产的周转，带来利润绝对额的增加。

三、盈利能力分析

盈利能力是企业获得利润的能力。无论是投资人、债权人还是企业经营人员，都非常重视和关心企业的盈利能力。反映企业盈利能力的指标很多，通常使用的主要有销售净利率、成本费用利润率、资产净利率和净资产收益率等。

1. 销售净利率。销售净利率是净利润与销售收入的百分比。其计算公式为：

销售净利率 =（净利润 ÷ 销售收入）×100%

销售净利率越高，说明企业的获利水平越高，那么企业在增加销售收入额的同时，必然会相应地获得更高的净利润。如果没有实现这样的目标，则说明企业在扩大销售的同时，要注意改进经营管理，提高盈利水平。

2. 成本费用利润率。成本费用利润率是利润总额与成本费用总额的百分比。其计算公式为：

成本费用利润率 =（利润总额 ÷ 成本费用总额）×100%

成本费用利润率越高，说明企业为取得利润而付出的代价越小，企业成本费用控制得越好，企业的获利能力越强。

3. 资产净利率。资产净利率是企业净利润与平均资产总额的百分比。其计算公式为：

资产净利率 =（净利润 ÷ 平均资产总额）×100%

该指标越高，表明企业的资产利用效率越好，企业的盈利能力越强，经营管理水平越高。

4. 净资产收益率。

净资产收益率 =（净利润 ÷ 平均净资产）×100%

净资产收益率是企业盈利能力指标的核心，也是整个财务指标体系的核心。在一般情况下，该指标越高，表明企业自有资金获取收益的能力越强，对企业投资人、债权人的保障程度越高。

四、发展能力分析

发展能力分析是指对企业未来年度的发展前景及潜力进行分析，主要包括以下几个指标。

1. 销售增长率。销售增长率是指企业本年销售增长额同上年销售收入总额的比率。其计算公式为：

销售增长率 = 本年销售增长额 ÷ 上年销售收入总额 × 100%

销售增长率大于0，说明企业的销售收入有所增长，指标值越大，表明企业的销售增长速度越快，企业市场前景越好。

2. 总资产增长率。总资产增长率是企业本年总资产增长额同年初资产总额的比率。其计算公式为：

总资产增长率 = 本年总资产增长额 ÷ 年初资产总额 × 100%

总资产增长率大于0，说明企业的本期总资产有所增长，指标值越大，表明企业的总资产增长率速度越快，企业发展潜力越大。

3. 固定资产成新率。固定资产成新率是企业平均固定资产净值同平均固定资产原值的比率。其计算公式为：

固定资产成新率 = 平均固定资产净值 ÷ 平均固定资产原值 × 100%

固定资产成新率越高，表明企业固定资产更新速度越快，企业持续发展能力越强。

第七章　竞争性模拟经营

经过前几章的学习，学生已掌握了 ERP 企业模拟经营的操作方法，接下来可以开展竞争性模拟经营。竞争性模拟经营一般由任课老师组织教学班级按分组的形式进行。

第一节　准备工作

一、成立企业

工业企业是最主要的企业形式，并且 ERP 在工业企业中的使用极为普遍，所以，即将成立的企业类型设定为工业企业。任课老师应充分调动学生的主动性，鼓励学生自由组队，形成多个以一位成员（CEO）为核心的经营小组，每组人数为 5～6 人。这样通过自主自愿组建的团队，从一开始就具备了团队合作的基础和沟通机制，即使在竞争过程中产生了矛盾，也可以通过彼此之间的沟通化解。

团队的核心是 CEO，CEO 必须要由具备较强的决策分析能力、有较强的责任心、有很好的组织协调能力的成员来担任。CEO 组织成员讨论设定企业名称，提出合理的企业愿景及未来 6 年的总体经营目标，填写企业基本信息与岗位登记表（见附录 1），提交给任课老师。通过任课老师审核即表示企业注册成功，成为有法人资格的企业组织。

在教学实践中，如果课时数有限，任课老师可以规定所有的经营小组以本教程第二章提供的企业基本信息作为经营起始点，即接手一家已存在的企业，开展模拟推演。

二、组建经营团队

企业成立后，需要组建经营团队，明确具体的岗位分工。CEO 应组织团队成员讨论，并根据每位成员的特点进行工作安排，分别担任财务总监、市场总监、生产总监、采购总监等。

在实践中，财务总监的预算、核算、分析工作相对比较复杂，可以安排 2 位成员共同承担财务总监的工作，这样做能够形成有效的复核机制，提高推演效率，提高编制财务报表的准确度。市场总监、生产总监、采购总监分别负责销售、生产和采购业务。在 ERP 理论中的主生产计划、生产能力评估等都要求精准的计算，需要逻辑思维敏捷、计算能力强、运筹能力强的学生来担任生产总监。

第二节　市场订货会

在企业群组都组建完成后，就可以进入市场订货会环节。市场订货会环节需要任课老师统一协调，学生配合来完成。

一、发布市场信息

任课老师需要发布当年度的市场订单数据，供各企业进行市场分析参考。在市场信息发布方式上也有多种策略，每种策略的信息不对称性程度不同，对学生的决策分析能力要求也不同。市场信息发布方式主要包括以下方面。

1. 一次性发布。将6个年度的市场订单明细数据一次性公布。这种方式下学生可以充分掌握市场的需求信息，产品研发、市场开拓、资格认证等经营决策的目的性、准确性都会比较强，可以引导学生更重视中长期的发展。但缺点是脱离现实，跟真实世界中企业实际面对的复杂多变的市场环境不相符。

2. 分年度发布。每年在开市场订货会之前发布本年度的市场订单明细数据。这种方式下学生只能得到本年度的市场需求信息，在市场开拓和广告投放上能够分析的相对科学合理。在实际企业经营中，对于年度的市场需求往往是相对比较容易获取的，所以这种方式比较符合实际情况。

3. 提供市场预测图。在模拟企业投放广告费之前，不提供市场订单明细数据，而是将6个年度的市场订单明细数据按年度、地区、产品编号三个维度，对数量、订单金额、单价进行统计汇总并生成图表提供给学生，如图6－1、图6－2所示。在各模拟企业提交了当年度的广告投放信息表（见附录2）之后，再公布当年度的市场订单明细数据。这种方式下学生只能获取总体上的市场发展趋势，无法了解市场的具体需求信息。市场订单信息的不确定加强，市场分析与管理决策难度比较大。在教学实践中，学生往往因为初次接触本课程，经验不足，出现无法作出科学有效的决策，靠“碰运气、赌手气”的现象。

市场订单数据表（见附录中8.）是可以满足5～6家模拟企业的市场需求量设计的订单数据。任课老师在使用该数据的时候，可以根据参与竞争的企业规模进行删减或调整。如果任课老师指导的学生企业较多，可以对企业群组按5～6家企业为单位再分组，各群组对应各自的一整套市场订单明细数据表，这样可以避免因市场需求不足影响ERP模拟经营的效果。

二、投放广告与选单

任课老师在发布市场信息之后，各模拟企业就可以各自组织年度经营工作会议，开展市场分析工作，决定广告投放、市场开拓、产品研发等经营决策。在这个过程中，任课老师要对一些关键环节做好规则说明，比如解释选单规则、交货规则、账期规则、贷款规则等；引导学生正确、有序的提交广告投放信息表。

各模拟企业填写广告费登记表完毕之后，任课老师即可以组织各企业按规则选择订单。一般在经过1～2年度模拟经营之后，各企业对选单流程就完全掌握了。任课老师可以指派1～2名市场总监担任市场管理员，对选单顺序进行管理和监督。实践证明，这样做可以更充分地调动参训学生的积极性，同时也让选单过程公平、公开、公正。

三、选单与市场情报收集

在订货会的过程中，市场总监面临的主要问题是可选择的订单跟预期不符。市场总监需要根据订单数量大小、利润空间、账期长短选择订单，同时要跟生产总监确认企业自身的生产能力，借助团队的集体智慧完成选单。

按年召开的市场订货会不仅是获取订单唯一来源，也是获取市场情报的重要途径。在完成选单之后，市场总监不能仅仅关注本企业获取的订单，还要关注整个市场订单的选择结果，了解各竞争对手企业的选单情况。通过这些公开信息，可以分析竞争对手的市场定位、生产能力、市场竞争策略等，做到“知己知彼”。

任课老师在每年的选单完成之后，需要标注各市场及产品的“市场老大”，各模拟企业的市场总监需要特别关注这一信息。在模拟经营中后期，即第4～6年度，各细分市场会出现多个“市场老大”，如果在参加订货会之前没有获取这方面的市场情报，就会发生投入巨额广告费打“水漂”的情况。

第三节　过程管理

竞争性ERP模拟经营过程是一个有序竞争的过程。有序竞争需要做到以下四个“不”。

一、诚信经营不做假账

竞争性ERP模拟经营之初，学生对ERP模拟经营规则的运用尚不熟练，学生的心态往往是比较急于追求推演速度，这样就不可避免产生错报或漏报。当模拟经营数据发生错误的时候，如果不及时修正，客观上就形成了“舞弊”行为，这对于参与竞争的其他企业来讲就是一种不公平。因此，在竞争性ERP模拟经营过程中，模拟企业团队成员需要认真、准确地执行每一个经营步骤，做到诚信经营，不做假账。这是对参训学生自身职业道德修养的考验和提升。

二、重过程不重结果

竞争性 ERP 模拟经营没有实质的经济损失，但能让团队成员深刻理解决策失误、执行不到位带来的后果。有些情况下，团队成员犯下的低级错误会给整个团队带来颠覆性的风险，其后果是令人印象深刻的。在 ERP 模拟经营学习过程中，犯错越多，学习到的知识、经验、教训就会越多，对以后的企业经营管理实践的帮助就越大。因此，在竞争性 ERP 模拟经营中，应该专注于竞争过程而非结果，并在过程中不断总结经验教训，提升对 ERP 理论知识的理解和运用水平。

三、不要游离于团队之外

竞争性 ERP 模拟经营过程中的团队协作是非常重要的。企业的成功往往是团队整体的成功。企业越成熟就越需要团队的智慧和力量。因此，在竞争性 ERP 模拟经营中，团队成员要各司其职，又要充分沟通交流，要学会团队协作，习惯团队决策。任课老师在发现有学生游离于团队时，应积极引导，通过代为安排岗位职责，旁听企业经营会议并及时给予指导等方式，让孤立状态的学生能够真正融入所在的经营团队。

四、不要专注于灰色地带

ERP 模拟经营规则是对现实世界企业经营活动的抽象和归纳，但经营规则无法做到面面俱到，在一些复杂的经营活动叠加在一起的时候，往往就会存在“灰色地带”——在经营规则中无法做到明确的规定或说明。竞争性 ERP 模拟经营过程中，个别企业成员会花大量的精力去研究经营规则中可能存在的“灰色地带”，并将经营规则中存在的“灰色地带”作为竞争获胜的主要途径。这种“投机”行为没有必要，因为这些“灰色地带”在企业管理实践中不会存在，也不符合本课程要达到的教学培养目标。

附　录

本附录包括了在竞争性 ERP 模拟经营中需要的各种登记表格。由于在教学实践中，任课老师对经营的年数有不同的要求，本教程仅提供一个年度的标准样表，在实训中可以根据需要另行复印。本教程也提供了相对应的电子资源及线上实验教学平台，方便读广大师生通过线上、线下混合教学使用。

1. 企业基本信息与岗位登记表。

企业基本信息与岗位登记表

学院		
专业		
企业名称		
岗位	学号	姓名
CEO		
市场总监		
生产总监		
采购总监		
财务总监		

注：每组分设 5 种岗位，每岗位 1 人，财务岗位允许 2 人，总人数不超过 6 人。

2. 广告投放信息表。

________公司 广告投放信息表

第 1 年本地		第 2 年本地		第 3 年本地		第 4 年本地		第 5 年本地		第 6 年本地	
产品	广告费	产品	广告费	产品	广告费	产品	广告费	产品	广告费	产品	广告费
P1		P1		P1		P1		P1		P1	
P2		P2		P2		P2		P2		P2	
P3		P3		P3		P3		P3		P3	
P4		P4		P4		P4		P4		P4	
		第 2 年区域		第 3 年区域		第 4 年区域		第 5 年区域		第 6 年区域	
		产品	广告费	产品	广告费	产品	广告费	产品	广告费	产品	广告费
		P1		P1		P1		P1		P1	
		P2		P2		P2		P2		P2	
		P3		P3		P3		P3		P3	
		P4		P4		P4		P4		P4	
				第 3 年国内		第 4 年国内		第 5 年国内		第 6 年国内	
				产品	广告费	产品	广告费	产品	广告费	产品	广告费
				P1		P1		P1		P1	
				P2		P2		P2		P2	
				P3		P3		P3		P3	
				P4		P4		P4		P4	
						第 4 年亚洲		第 5 午亚洲		第 6 年亚洲	
						产品	广告费	产品	广告费	产品	广告费
						P1		P1		P1	
						P2		P2		P2	
						P3		P3		P3	
						P4		P4		P4	
								第 5 年国际		第 6 年国际	
								产品	广告费	产品	广告费
								P1		P1	
								P2		P2	
								P3		P3	
								P4		P4	

3. 企业运营登记表。

______公司 第______年度运营登记表

项目	1 季度	2 季度	3 季度	4 季度
1 新年度规划会议				
2 参加订货会/登记销售订单				
3 制定新年度计划				
4 支付应付税				
5 季初现金盘点（请填余额）				
6 更新短期贷款/还本付息/申请短期贷款或高利贷				
7 更新应付款/归还应付款				
8 原材料入库/更新原料订单				
9 下原料订单				
10 更新生产/完工入库				
11 投资新生产线/变卖生产线/生产线转产				
12 向其他企业购买原材料/出售原材料				
13 开始下一批生产				
14 更新应收款/应收款收现				
15 出售厂房				
16 向其他企业购买成品/出售成品				
17 按订单交货				
18 产品研发投资				
19 支付行政管理费				
20 其他现金收支情况登记				
21 支付利息/更新长期贷款/申请长期贷款				
22 支付设备维护费				
23 支付租金/购买厂房				
24 计提折旧				（ ）
25 新市场开拓/ISO 资格认证投资				
26 结账				
27 现金收入合计				
28 现金支出合计				
29 期末现金对账（请填余额）				

4. 订单登记表。

______公司 第______年度订单登记表

订单号											合计
市场											
产品											
订单数量											
账期											
销售额											
成本											
毛利											

5. 综合费用统计明细表。

______公司 第______年度综合费用明细表

项目	金额	备注
管理费		
广告费		
设备维修费		
租金		
转产费		
市场准入开拓		□ 区域 □国内 □亚洲 □国际
ISO 资格认证		□ISO 9000 □ISO 14000
产品研发		P2（ ） P3（ ） P4（ ）
其他		
合计		

6. 资产负债表。

______公司 第______年度资产负债表

资产	年初数	年末数	负债和所有者权益	年初数	年末数
现金			长期负债		
应收款			短期负债		
在制品			应付账款		
成品			应交税金		
原料			一年内到期长期负债		
流动资产合计			负债合计		
土地与建筑			股东资本		
机器与设备			利润留存		
在建工程			年度净利		
固定资产合计			所有者权益合计		
资产总计			负债和所有者权益总计		

7. 利润表。

______公司 第______年度利润表

项目	上年数	本年数
一、销售收入		
减：直接成本		
二、毛利		
减：综合费用		
三、折旧前利润		
减：折旧		
四、支付利息前利润		
加/减：财务收入/支出		
加/减：其他收入/支出		
五、税前利润		
减：所得税		
六、净利润		

8. 市场订单数据表。

市场订单数据表

订单编号	年度	产品	区域	数量	价格	总计	账期	条件
B0001	1	P1	本地	3	5	15	3	
B0002	1	P1	本地	5	4.7	24	3	
B0003	1	P1	本地	3	5.2	16	3	
B0004	1	P1	本地	1	5	5	2	
B0005	1	P1	本地	1	5	5	0	
B0006	1	P1	本地	4	4.8	19	2	
B0007	1	P1	本地	6	5.3	32	4	
B0008	1	P1	本地	2	5.5	11	2	
B0009	1	P1	本地	5	4.6	23	1	
B0010	1	P1	本地	7	4.5	32	2	
B0011	1	P1	本地	2	5.3	11	4	
B0012	1	P1	本地	3	5	15	2	
B0013	2	P1	本地	2	5	10	4	
B0014	2	P1	本地	2	5.5	11	3	加急
B0015	2	P1	本地	4	4.5	18	2	
B0016	2	P1	本地	3	5	15	4	
B0017	2	P1	本地	5	4.6	23	3	
B0018	2	P1	本地	6	4.3	26	2	
B0019	2	P1	本地	4	4.4	18	2	
B0020	2	P1	本地	3	4.6	14	3	
B0021	2	P1	本地	3	5.3	16	4	
B0022	2	P1	本地	1	5	5	0	
B0023	2	P1	本地	2	5	10	3	
B0024	2	P1	本地	4	4.3	17	1	
B0025	2	P1	区域	2	4	8	4	
B0026	2	P1	区域	3	4.5	14	3	
B0027	2	P1	区域	1	4.8	5	1	
B0028	2	P1	区域	2	5	10	4	
B0029	2	P1	区域	2	4.5	9	3	
B0030	2	P1	区域	3	4.3	13	2	
B0031	2	P2	本地	2	6.5	13	4	
B0032	2	P2	本地	2	5.5	11	3	
B0033	2	P2	本地	1	6	6	0	

续表

订单编号	年度	产品	区域	数量	价格	总计	账期	条件
B0034	2	P2	本地	2	5. 5	11	1	
B0035	2	P2	本地	2	7. 5	15	3	加急
B0036	2	P2	本地	2	5. 5	11	2	
B0037	2	P2	本地	3	6	18	3	
B0038	2	P2	区域	2	7. 5	15	2	
B0039	2	P2	区域	2	7	14	3	
B0040	2	P2	区域	3	6. 7	20	3	
B0041	2	P2	区域	1	7	7	0	
B0042	2	P2	区域	2	7. 5	15	1	加急
B0043	2	P2	区域	3	6	18	2	
B0044	2	P2	区域	1	8	8	4	
B0045	2	P2	区域	4	6. 5	26	0	
B0046	2	P3	本地	2	7. 5	15	2	
B0047	2	P3	本地	3	7. 5	23	4	
B0048	2	P3	本地	2	7	14	1	
B0049	2	P3	本地	1	8	8	4	
B0050	2	P3	本地	2	7. 5	15	3	
B0051	3	P1	本地	2	5	10	0	
B0052	3	P1	本地	5	4. 4	22	2	
B0053	3	P1	本地	4	4. 7	19	1	加急
B0054	3	P1	本地	3	5. 3	16	3	
B0055	3	P1	本地	4	5	20	1	
B0056	3	P1	本地	2	5. 5	11	4	加急
B0057	3	P1	本地	5	4. 4	22	4	
B0058	3	P1	本地	4	5. 3	21	3	
B0059	3	P1	本地	3	4. 7	14	2	
B0060	3	P1	本地	5	4. 6	23	4	
B0061	3	P1	国内	1	5	5	0	
B0062	3	P1	国内	2	5. 5	11	3	
B0063	3	P1	国内	4	4. 8	19	3	加急
B0064	3	P1	国内	1	5	5	0	加急
B0065	3	P1	国内	3	5. 3	16	4	
B0066	3	P1	国内	3	4. 7	14	2	
B0067	3	P1	国内	4	4. 5	18	3	
B0068	3	P1	国内	2	5	10	4	

续表

订单编号	年度	产品	区域	数量	价格	总计	账期	条件
B0069	3	P1	国内	3	4.7	14	1	
B0070	3	P1	国内	3	4.9	15	2	
B0071	3	P1	区域	1	5	5	4	
B0072	3	P1	区域	1	5	5	1	加急
B0073	3	P1	区域	2	4.5	9	3	
B0074	3	P1	区域	2	4.5	9	2	
B0075	3	P1	区域	2	5	10	3	
B0076	3	P2	本地	1	9	9	0	
B0077	3	P2	本地	2	8	16	2	
B0078	3	P2	本地	3	8.6	26	3	
B0079	3	P2	本地	4	7.8	31	1	
B0080	3	P2	本地	3	8.3	25	4	
B0081	3	P2	本地	1	9	9	0	加急
B0082	3	P2	本地	3	8.7	26	3	加急
B0083	3	P2	本地	4	7.5	30	3	
B0084	3	P2	本地	3	8	24	2	
B0085	3	P2	本地	2	8.5	17	4	
B0086	3	P2	国内	3	8	24	4	
B0087	3	P2	国内	1	8	8	1	
B0088	3	P2	国内	3	9	27	2	ISO 9000
B0089	3	P2	国内	2	9	18	3	
B0090	3	P2	国内	4	7.5	30	3	
B0091	3	P2	国内	3	8	24	3	
B0092	3	P2	国内	2	8.5	17	1	
B0093	3	P2	国内	3	7.7	23	2	
B0094	3	P2	国内	1	9	9	0	加急
B0095	3	P2	区域	4	7.3	29	4	
B0096	3	P2	区域	2	8.5	17	2	
B0097	3	P2	区域	2	8	16	1	加急
B0098	3	P2	区域	1	8	8	3	
B0099	3	P2	区域	2	8	16	3	加急
B0100	3	P2	区域	1	8	8	2	
B0101	3	P2	区域	3	7.7	23	1	
B0102	3	P2	区域	3	8.3	25	4	
B0103	3	P3	本地	2	7.5	15	3	

续表

订单编号	年度	产品	区域	数量	价格	总计	账期	条件
B0104	3	P3	本地	3	7.4	22	4	
B0105	3	P3	本地	1	7.8	8	2	
B0106	3	P3	本地	2	7	14	2	
B0107	3	P3	本地	2	7.5	15	4	
B0108	3	P3	本地	3	7	21	3	
B0109	3	P3	国内	3	7.7	23	1	
B0110	3	P3	国内	1	8	8	2	
B0111	3	P3	国内	2	8	16	3	
B0112	3	P3	国内	3	8	24	4	
B0113	3	P3	国内	2	8.5	17	4	
B0114	3	P3	区域	2	7.5	15	1	
B0115	3	P3	区域	1	8	8	3	
B0116	3	P3	区域	1	8	8	3	
B0117	3	P3	区域	2	8	16	2	
B0118	3	P3	区域	2	8	16	3	
B0119	3	P3	区域	1	9	9	4	
B0120	4	P1	本地	2	5	10	4	加急
B0121	4	P1	本地	3	4.3	13	4	
B0122	4	P1	本地	2	4.5	9	2	
B0123	4	P1	本地	5	4.4	22	3	加急
B0124	4	P1	本地	5	4.3	22	2	
B0125	4	P1	本地	1	5	5	0	
B0126	4	P1	本地	3	4.4	13	2	
B0127	4	P1	本地	4	4.7	19	3	
B0128	4	P1	本地	2	4.5	9	0	
B0129	4	P1	本地	1	5	5	1	
B0130	4	P1	本地	2	4.5	9	2	
B0131	4	P1	本地	4	4.7	19	4	
B0132	4	P1	国内	1	4	4	0	
B0133	4	P1	国内	2	4.5	9	3	
B0134	4	P1	国内	4	4.3	17	4	加急
B0135	4	P1	国内	3	4.3	13	2	
B0136	4	P1	国内	2	4.5	9	3	
B0137	4	P1	国内	4	4	16	1	
B0138	4	P1	国内	2	5	10	4	加急

续表

订单编号	年度	产品	区域	数量	价格	总计	账期	条件
B0139	4	P1	国内	2	4	8	3	
B0140	4	P1	国内	3	3.7	11	2	
B0141	4	P1	国内	3	4.4	13	2	
B0142	4	P1	区域	1	5	5	2	
B0143	4	P1	区域	2	4.5	9	0	
B0144	4	P1	区域	1	5	5	4	
B0145	4	P1	区域	2	4.5	9	2	
B0146	4	P1	区域	2	5	10	4	
B0147	4	P1	亚洲	4	4.5	18	3	ISO 9000
B0148	4	P1	亚洲	3	3.3	10	0	
B0149	4	P1	亚洲	4	3.8	15	2	加急
B0150	4	P1	亚洲	2	4	8	4	
B0151	4	P1	亚洲	2	4	8	3	
B0152	4	P1	亚洲	2	3.5	7	1	
B0153	4	P1	亚洲	4	4	16	2	
B0154	4	P1	亚洲	1	5	5	1	
B0155	4	P1	亚洲	3	5	15	3	加急/ISO 9000
B0156	4	P1	亚洲	2	4.5	9	2	
B0157	4	P1	亚洲	2	5	10	4	ISO 9000
B0158	4	P2	本地	4	8.5	34	3	
B0159	4	P2	本地	2	8.5	17	2	
B0160	4	P2	本地	3	8.7	26	3	
B0161	4	P2	本地	2	9	18	0	加急
B0162	4	P2	本地	2	8.5	17	3	
B0163	4	P2	本地	3	9	27	2	
B0164	4	P2	本地	4	8.5	34	4	
B0165	4	P2	本地	3	9.4	28	2	加急
B0166	4	P2	本地	2	9	18	4	
B0167	4	P2	本地	3	9	27	3	
B0168	4	P2	国内	4	8.3	33	2	
B0169	4	P2	国内	3	8	24	3	
B0170	4	P2	国内	3	8	24	3	
B0171	4	P2	国内	4	8.5	34	3	
B0172	4	P2	国内	2	9	18	2	
B0173	4	P2	国内	2	7	14	1	

续表

订单编号	年度	产品	区域	数量	价格	总计	账期	条件
B0174	4	P2	国内	3	7	21	0	
B0175	4	P2	国内	2	8.5	17	4	
B0176	4	P2	区域	3	7.4	22	2	
B0177	4	P2	区域	2	7.1	14	1	加急
B0178	4	P2	区域	2	7.5	15	4	ISO 9000
B0179	4	P2	区域	1	7	7	0	
B0180	4	P2	区域	3	7.7	23	3	加急
B0181	4	P2	区域	3	7.3	22	2	
B0182	4	P2	区域	4	7.5	30	3	ISO 9000
B0183	4	P2	亚洲	1	6	6	0	加急
B0184	4	P2	亚洲	3	7.3	22	2	
B0185	4	P2	亚洲	3	6	18	3	
B0186	4	P2	亚洲	2	6.5	13	4	
B0187	4	P2	亚洲	4	6.7	27	4	
B0188	4	P2	亚洲	3	6.6	20	3	
B0189	4	P2	亚洲	4	5.5	22	2	
B0190	4	P2	亚洲	2	7	14	1	
B0191	4	P2	亚洲	4	7	28	3	ISO 9000
B0192	4	P3	本地	2	7.5	15	2	
B0193	4	P3	本地	3	9	27	3	ISO 9000
B0194	4	P3	本地	1	8	8	1	
B0195	4	P3	本地	3	8.3	25	3	
B0196	4	P3	本地	2	8.5	17	2	
B0197	4	P3	本地	1	9	9	0	加急
B0198	4	P3	国内	1	9	9	2	加急
B0199	4	P3	国内	2	8.5	17	4	
B0200	4	P3	国内	2	7	14	2	
B0201	4	P3	国内	2	8.5	17	3	加急
B0202	4	P3	国内	1	8	8	0	
B0203	4	P3	区域	3	7.6	23	2	
B0204	4	P3	区域	2	8	16	3	
B0205	4	P3	区域	1	8	8	3	
B0206	4	P3	区域	2	7.6	15	2	
B0207	4	P3	区域	3	8.3	25	2	
B0208	4	P3	区域	2	8.5	17	4	

续表

订单编号	年度	产品	区域	数量	价格	总计	账期	条件
B0209	4	P3	亚洲	4	8	32	0	
B0210	4	P3	亚洲	1	9	9	4	
B0211	4	P3	亚洲	2	8.5	17	2	
B0212	4	P3	亚洲	2	10	20	2	ISO 9000
B0213	4	P3	亚洲	3	8	24	3	
B0214	4	P3	亚洲	2	10	20	2	加急
B0215	4	P4	区域	1	9	9	4	
B0216	4	P4	区域	4	8	32	2	
B0217	4	P4	区域	3	8.3	25	1	
B0218	5	P1	本地	4	4.3	17	3	
B0219	5	P1	本地	3	3.3	10	0	
B0220	5	P1	本地	2	4.5	9	4	
B0221	5	P1	本地	2	4	8	2	
B0222	5	P1	本地	3	3.3	10	2	
B0223	5	P1	本地	4	3.5	14	1	
B0224	5	P1	本地	2	5	10	4	加急
B0225	5	P1	本地	2	4	8	1	
B0226	5	P1	本地	2	1	2	1	
B0227	5	P1	国际	2	6.5	13	2	
B0228	5	P1	国际	1	6	6	2	
B0229	5	P1	国际	2	6	12	4	加急
B0230	5	P1	国际	6	5	30	3	
B0231	5	P1	国际	4	5.5	22	4	
B0232	5	P1	国际	3	6	18	3	
B0233	5	P1	国际	2	6	12	1	
B0234	5	P1	国际	1	5	5	0	
B0235	5	P1	国际	3	5.3	16	1	
B0236	5	P1	国际	5	5.6	28	3	
B0237	5	P1	国际	2	5	10	0	
B0238	5	P1	国际	5	5.4	27	2	
B0239	5	P1	国内	4	4	16	4	
B0240	5	P1	国内	2	4.5	9	3	加急
B0241	5	P1	国内	3	3.7	11	1	
B0242	5	P1	国内	4	3.5	14	3	
B0243	5	P1	国内	3	4.3	13	2	

续表

订单编号	年度	产品	区域	数量	价格	总计	账期	条件
B0244	5	P1	国内	2	4.5	9	3	加急
B0245	5	P1	区域	1	5	5	2	加急
B0246	5	P1	区域	2	4.5	9	1	
B0247	5	P1	区域	1	5	5	4	
B0248	5	P1	区域	2	5	10	3	
B0249	5	P1	区域	1	5	5	2	加急
B0250	5	P1	区域	1	5	5	4	
B0251	5	P1	区域	1	7	7	1	ISO 9000
B0252	5	P1	亚洲	3	3.3	10	3	
B0253	5	P1	亚洲	5	4	20	2	ISO 9000
B0254	5	P1	亚洲	1	4	4	4	
B0255	5	P1	亚洲	2	3.5	7	1	
B0256	5	P1	亚洲	3	3.3	10	2	
B0257	5	P1	亚洲	4	3.7	15	4	加急
B0258	5	P1	亚洲	2	3.5	7	3	
B0259	5	P1	亚洲	2	4.5	9	2	ISO 9000
B0260	5	P2	本地	4	8.3	33	2	
B0261	5	P2	本地	4	8.5	34	4	
B0262	5	P2	本地	4	8.3	33	3	
B0263	5	P2	本地	3	8.6	26	3	
B0264	5	P2	本地	3	8	24	2	
B0265	5	P2	本地	2	9	18	4	
B0266	5	P2	本地	2	8.5	17	2	
B0267	5	P2	本地	3	8.6	26	3	
B0268	5	P2	本地	2	9	18	1	加急
B0269	5	P2	本地	1	8	8	0	
B0270	5	P2	国际	1	7	7	0	加急
B0271	5	P2	国际	2	6.5	13	3	
B0272	5	P2	国际	2	6.5	13	2	
B0273	5	P2	国际	3	7	21	3	
B0274	5	P2	国际	2	7	14	4	
B0275	5	P2	国内	1	8	8	4	
B0276	5	P2	国内	4	7.5	30	2	
B0277	5	P2	国内	2	7.5	15	3	
B0278	5	P2	国内	4	6.2	25	2	

续表

订单编号	年度	产品	区域	数量	价格	总计	账期	条件
B0279	5	P2	国内	3	7	21	1	
B0280	5	P2	国内	2	8	16	4	
B0281	5	P2	国内	3	8	24	3	加急
B0282	5	P2	国内	3	7.3	22	1	
B0283	5	P2	区域	2	7.5	15	3	ISO 9000
B0284	5	P2	区域	3	5.7	17	2	
B0285	5	P2	区域	2	6	12	1	加急
B0286	5	P2	区域	4	6.5	26	3	ISO 14000
B0287	5	P2	区域	1	8	8	4	
B0288	5	P2	区域	3	6.3	19	2	
B0289	5	P2	亚洲	1	6	6	0	ISO 9000
B0290	5	P2	亚洲	1	5	5	0	
B0291	5	P2	亚洲	2	7	14	3	ISO 9000
B0292	5	P2	亚洲	3	7	21	3	ISO 14000
B0293	5	P2	亚洲	3	6	18	2	
B0294	5	P2	亚洲	2	6.5	13	1	
B0295	5	P2	亚洲	4	6	24	2	
B0296	5	P2	亚洲	2	7	14	2	加急
B0297	5	P2	亚洲	2	6.5	13	4	
B0298	5	P2	亚洲	3	7	21	3	ISO 9000/ISO 14000
B0299	5	P3	本地	4	7.5	30	3	
B0300	5	P3	本地	3	9.7	29	3	
B0301	5	P3	本地	1	8	8	0	
B0302	5	P3	本地	2	8	16	2	
B0303	5	P3	本地	4	8.5	34	3	加急
B0304	5	P3	本地	3	8.3	25	1	
B0305	5	P3	本地	2	8	16	2	
B0306	5	P3	本地	1	9	9	4	
B0307	5	P3	国内	2	8.5	17	4	
B0308	5	P3	国内	3	7.7	23	3	
B0309	5	P3	国内	1	8	8	2	
B0310	5	P3	国内	2	7	14	2	
B0311	5	P3	国内	3	9	27	4	ISO 9000
B0312	5	P3	国内	2	7.5	15	3	
B0313	5	P3	国内	2	7.5	15	1	

续表

订单编号	年度	产品	区域	数量	价格	总计	账期	条件
B0314	5	P3	国内	1	9	9	2	ISO 14000
B0315	5	P3	区域	2	8.5	17	2	
B0316	5	P3	区域	2	9	18	4	ISO 9000
B0317	5	P3	区域	1	10	10	3	ISO 14000
B0318	5	P3	区域	2	8	16	3	
B0319	5	P3	区域	3	9.3	28	4	ISO 9000
B0320	5	P3	区域	1	8	8	1	
B0321	5	P3	区域	1	10	10	4	加急
B0322	5	P3	区域	2	9.5	19	3	ISO 9000
B0323	5	P3	亚洲	4	9	36	3	ISO 14000
B0324	5	P3	亚洲	2	10	20	4	加急
B0325	5	P3	亚洲	2	8	16	1	
B0326	5	P3	亚洲	3	8.7	26	2	
B0327	5	P3	亚洲	3	10	30	3	ISO 9000
B0328	5	P3	亚洲	2	8.5	17	2	
B0329	5	P4	本地	2	8	16	2	
B0330	5	P4	本地	1	9	9	2	
B0331	5	P4	本地	2	9.5	19	3	
B0332	5	P4	本地	1	9	9	1	
B0333	5	P4	本地	2	8.5	17	3	
B0334	5	P4	本地	2	8.5	17	2	
B0335	5	P4	国内	2	8.5	17	4	
B0336	5	P4	国内	2	8.5	17	3	
B0337	5	P4	国内	1	8	8	1	
B0338	5	P4	区域	1	9	9	4	ISO 14000/ISO 9000
B0339	5	P4	区域	2	8.5	17	4	ISO 14000
B0340	5	P4	区域	2	9.5	19	3	ISO 14000/ISO 9000
B0341	5	P4	区域	3	8.3	25	2	ISO 9000
B0342	5	P4	亚洲	1	9	9	4	
B0343	5	P4	亚洲	1	10	10	1	ISO 9000/ISO 14000
B0344	5	P4	亚洲	1	10	10	4	ISO 9000
B0345	5	P4	亚洲	2	9.5	19	3	ISO 9000
B0346	5	P4	亚洲	2	9.5	19	2	ISO 14000
B0347	6	P1	本地	3	3.4	10	2	
B0348	6	P1	本地	2	3.5	7	3	

续表

订单编号	年度	产品	区域	数量	价格	总计	账期	条件
B0349	6	P1	本地	3	4	12	4	
B0350	6	P1	本地	3	3.3	10	1	
B0351	6	P1	本地	2	4	8	2	加急
B0352	6	P1	本地	3	3.7	11	3	
B0353	6	P1	国际	2	5.5	11	1	
B0354	6	P1	国际	2	6	12	2	
B0355	6	P1	国际	2	5.5	11	1	
B0356	6	P1	国际	3	6.3	19	4	
B0357	6	P1	国际	3	6	18	3	
B0358	6	P1	国际	2	6.5	13	4	
B0359	6	P1	国际	4	6	24	3	
B0360	6	P1	国际	1	6	6	2	
B0361	6	P1	国际	3	5.4	16	2	
B0362	6	P1	国际	1	6	6	3	
B0363	6	P1	国际	4	5.5	22	2	
B0364	6	P1	国际	3	6.3	19	4	
B0365	6	P1	国内	2	3.5	7	1	
B0366	6	P1	国内	2	3.5	7	4	
B0367	6	P1	国内	3	4	12	3	ISO 9000
B0368	6	P1	国内	2	3.5	7	2	
B0369	6	P1	国内	3	3.6	11	3	
B0370	6	P1	国内	1	4	4	2	加急
B0371	6	P1	区域	1	5	5	2	
B0372	6	P1	区域	2	4.5	9	0	
B0373	6	P1	区域	1	5	5	4	
B0374	6	P1	区域	2	5	10	2	
B0375	6	P1	区域	2	5	10	3	
B0376	6	P1	亚洲	2	4	8	3	ISO 14000
B0377	6	P1	亚洲	1	4	4	1	加急
B0378	6	P1	亚洲	3	3.3	10	4	
B0379	6	P1	亚洲	3	3	9	2	
B0380	6	P1	亚洲	4	2.8	11	0	
B0381	6	P1	亚洲	3	4	12	3	
B0382	6	P1	亚洲	2	3.5	7	2	ISO 9000
B0383	6	P2	本地	1	6	6	0	加急

续表

订单编号	年度	产品	区域	数量	价格	总计	账期	条件
B0384	6	P2	本地	2	6	12	3	
B0385	6	P2	本地	3	5.7	17	1	
B0386	6	P2	本地	1	6	6	0	
B0387	6	P2	本地	2	6.5	13	4	
B0388	6	P2	本地	4	5.5	22	2	
B0389	6	P2	本地	3	6.7	20	3	
B0390	6	P2	本地	2	6	12	3	
B0391	6	P2	本地	4	6	24	4	
B0392	6	P2	本地	2	5.5	11	1	
B0393	6	P2	国际	3	6.8	20	0	
B0394	6	P2	国际	2	7.5	15	3	
B0395	6	P2	国际	2	6.5	13	2	
B0396	6	P2	国际	3	7	21	3	
B0397	6	P2	国际	2	7	14	2	
B0398	6	P2	国际	1	8	8	3	
B0399	6	P2	国际	1	8	8	4	
B0400	6	P2	国际	2	7	14	2	
B0401	6	P2	国内	3	6	18	4	
B0402	6	P2	国内	1	6	6	0	加急
B0403	6	P2	国内	3	5.6	17	2	
B0404	6	P2	国内	2	5.5	11	1	
B0405	6	P2	国内	3	6	18	3	
B0406	6	P2	国内	1	6	6	2	
B0407	6	P2	国内	2	5.5	11	2	
B0408	6	P2	国内	4	5	20	3	
B0409	6	P2	区域	2	6	12	2	ISO 9000
B0410	6	P2	区域	2	5.5	11	3	加急
B0411	6	P2	区域	1	5	5	0	
B0412	6	P2	区域	2	6.5	13	3	ISO 9000
B0413	6	P2	区域	1	6	6	2	加急
B0414	6	P2	区域	2	5.5	11	3	
B0415	6	P2	亚洲	1	6	6	0	加急
B0416	6	P2	亚洲	2	5.5	11	4	
B0417	6	P2	亚洲	3	7	21	3	ISO 9000/ISO 14000
B0418	6	P2	亚洲	3	5.7	17	1	

续表

订单编号	年度	产品	区域	数量	价格	总计	账期	条件
B0419	6	P2	亚洲	2	5.5	11	2	
B0420	6	P2	亚洲	3	6.7	20	3	ISO 14000
B0421	6	P2	亚洲	3	6.4	19	4	ISO 9000
B0422	6	P2	亚洲	1	5	5	0	
B0423	6	P3	本地	5	9	45	3	ISO 9000
B0424	6	P3	本地	2	9.5	19	2	加急
B0425	6	P3	本地	2	10	20	4	
B0426	6	P3	本地	3	8.3	25	2	
B0427	6	P3	本地	4	8.5	34	3	
B0428	6	P3	本地	3	9	27	4	ISO 9000
B0429	6	P3	本地	2	8	16	0	
B0430	6	P3	本地	4	9	36	3	
B0431	6	P3	本地	2	10	20	2	加急/ISO 9000
B0432	6	P3	本地	3	9.6	29	3	ISO 9000
B0433	6	P3	国际	2	8.5	17	2	
B0434	6	P3	国际	1	8	8	3	
B0435	6	P3	国际	2	8	16	2	
B0436	6	P3	国际	2	8.5	17	3	
B0437	6	P3	国际	1	8	8	1	
B0438	6	P3	国内	1	10	10	3	加急
B0439	6	P3	国内	3	8.7	26	0	
B0440	6	P3	国内	3	9	27	2	ISO 9000
B0441	6	P3	国内	3	9	27	2	加急
B0442	6	P3	国内	1	9	9	1	
B0443	6	P3	国内	4	8.5	34	3	
B0444	6	P3	国内	2	10	20	3	ISO 9000
B0445	6	P3	国内	3	9.3	28	3	
B0446	6	P3	区域	2	8.5	17	1	ISO 14000
B0447	6	P3	区域	2	9.5	19	4	ISO 14000/ISO 9000
B0448	6	P3	区域	2	9	18	2	ISO 9000
B0449	6	P3	区域	2	8.5	17	1	ISO 9000
B0450	6	P3	区域	3	9.4	28	3	ISO 14000
B0451	6	P3	区域	3	9	27	3	ISO 14000
B0452	6	P3	亚洲	4	8.5	34	2	
B0453	6	P3	亚洲	2	10	20	4	ISO 9000

续表

订单编号	年度	产品	区域	数量	价格	总计	账期	条件
B0454	6	P3	亚洲	4	10	40	3	ISO 9000
B0455	6	P3	亚洲	3	9	27	3	
B0456	6	P3	亚洲	1	8	8	1	加急
B0457	6	P3	亚洲	2	11	22	2	ISO 14000
B0458	6	P3	亚洲	3	11	33	1	ISO 9000/ISO 14000
B0459	6	P3	亚洲	1	9	9	3	ISO 14000
B0460	6	P4	本地	2	8. 5	17	3	加急
B0461	6	P4	本地	3	9	27	4	
B0462	6	P4	本地	2	9	18	2	
B0463	6	P4	本地	3	8. 3	25	1	ISO 9000
B0464	6	P4	本地	2	9. 5	19	4	
B0465	6	P4	本地	1	9	9	2	
B0466	6	P4	本地	1	9	9	0	ISO 14000
B0467	6	P4	国内	1	8	8	1	
B0468	6	P4	国内	1	10	10	3	ISO 9000
B0469	6	P4	国内	2	8. 5	17	2	
B0470	6	P4	国内	2	10	20	3	ISO 9000
B0471	6	P4	国内	2	9	18	4	
B0472	6	P4	区域	2	9. 5	19	2	
B0473	6	P4	区域	3	10. 3	31	4	ISO 9000
B0474	6	P4	区域	2	10. 5	21	3	ISO 14000
B0475	6	P4	区域	3	9	27	3	
B0476	6	P4	区域	2	9. 5	19	2	加急
B0477	6	P4	区域	2	10	20	3	加急
B0478	6	P4	亚洲	3	10	30	2	
B0479	6	P4	亚洲	1	11	11	3	加急/ISO 9000/ISO 14000
B0480	6	P4	亚洲	3	10	30	4	ISO 9000
B0481	6	P4	亚洲	2	10. 5	21	3	ISO 9000
B0482	6	P4	亚洲	2	10. 5	21	4	ISO 14000

主要参考文献

[1] 胡洁，熊燕．ERP 沙盘模拟实训教程（第二版）[M]．大连：东北财经大学出版社，2017.

[2] 刘平．用友 ERP 企业经营沙盘模拟实训手册（第五版）[M]．大连：东北财经大学出版社，2017.

[3] 高市．ERP 沙盘实战教程（第二版）[M]．大连：东北财经大学出版社，2012.

[4] 王新玲，郑文昭，马雪文．ERP 沙盘模拟高级指导教程（第二版）[M]．北京：清华大学出版社，2009.